Sonia Bailini • Silvia Consonno   A1|C1

i verbi italiani

ALMA Edizioni

**GRAMMATICA
ESERCIZI e GIOCHI**

Progetto grafico e impaginazione: **Andrea Caponecchia**

Illustrazioni: **Mordechai**

Direzione editoriale: **Ciro Massimo Naddeo**

Con la collaborazione di: **Carlo Guastalla**

Printed in Italy

ISBN 978-88-6182-769-1

© 2023 Alma Edizioni
Prima edizione: 2004
Prima edizione aggiornata: aprile 2023

Le pag. 4-83 (capitoli 0-12) sono a cura di Silvia Consonno;
le pag. 84-162 (capitoli 13-21) sono a cura di Sonia Bailini.

Alma Edizioni
viale dei Cadorna, 44
50129 Firenze
alma@almaedizioni.it
www.almaedizioni.it

L'Editore è a disposizione degli aventi diritto per eventuali mancanze o inesattezze.
Tutti i diritti di riproduzione, traduzione e adattamento sono riservati in Italia e all'estero.

Indice

0. Il verbo
La forma / Il modo — pag. 4
Il tempo / La persona — pag. 5

1. Il presente
Forme regolari — pag. 10
Forme irregolari — pag. 11
Uso / Esercizi — pag. 12

2. Il passato prossimo
Formazione — pag. 18
Participio passato – Forme irregolari — pag. 19
Avere o essere? — pag. 20
Uso / Esercizi — pag. 21

3. L'imperfetto
Forme regolari e irregolari / Uso — pag. 28
Esercizi — pag. 29

4. Il passato prossimo e l'imperfetto — pag. 32
Esercizi — pag. 34

5. Le forme riflessive — pag. 40
Esercizi — pag. 41

6. Il trapassato prossimo
Formazione / Uso — pag. 45
Esercizi — pag. 46

7. Il futuro semplice
Forme regolari e irregolari — pag. 49
Uso — pag. 50
Esercizi — pag. 51

8. Il futuro anteriore
Formazione / Uso — pag. 54
Esercizi — pag. 55

9. Il passato remoto
Forme regolari e irregolari — pag. 58
Uso / Esercizi — pag. 60

10. Il trapassato remoto
Formazione / Uso — pag. 66
Esercizi — pag. 67

11. Le forme impersonali — pag. 68
Esercizi — pag. 70

12. Il condizionale
Condizionale semplice — pag. 73
Condizionale composto — pag. 75
Uso — pag. 75
Esercizi — pag. 77

13. Concordanze dei tempi dell'indicativo — pag. 84
Esercizi — pag. 85

14. L'imperativo
Forme regolari — pag. 90
Forme irregolari — pag. 91
Forme negative — pag. 91
Uso / Esercizi — pag. 92
L'imperativo con i pronomi — pag. 96
Esercizi sull'imperativo con i pronomi — pag. 97

15. Il congiuntivo
Congiuntivo presente — pag. 100
Congiuntivo passato — pag. 101
Congiuntivo imperfetto — pag. 102
Congiuntivo trapassato — pag. 102
Uso — pag. 103
Concordanze del congiuntivo — pag. 106
Esercizi sul cong. presente e passato — pag. 107
Esercizi sul cong. imperf. e trapass. — pag. 109
Esercizi sugli usi del congiuntivo — pag. 111
Esercizi sulle concordanze — pag. 114

16. Il periodo ipotetico
Formazione — pag. 116
Uso — pag. 117
Esercizi — pag. 118

17. Concordanze dei modi e dei tempi verbali — pag. 122
Esercizi — pag. 125

18. La forma passiva
Costruzione — pag. 130
Uso — pag. 131
Esercizi — pag. 132

19. I modi indefiniti
Infinito — pag. 137
Esercizi sull'infinito — pag. 139
Gerundio — pag. 140
Esercizi sul gerundio — pag. 142
Participio — pag. 144
Esercizi sul participio — pag. 146
Esercizi sugli indefiniti — pag. 147

20. I verbi fraseologici — pag. 150
Esercizi — pag. 151

21. Il discorso indiretto — pag. 154
Esercizi — pag. 158

Soluzioni degli esercizi — pag. 163

Il verbo

- Il verbo ha la funzione di dare informazioni sul soggetto: spiega cosa fa o com'è.

Carlo **mangia** gli spaghetti. *(cosa fa Carlo)* Francesca **è** simpatica e gentile. *(com'è Francesca).*

I verbi italiani si dividono in tre gruppi, chiamati **CONIUGAZIONI:**

- *fanno parte della* **PRIMA CONIUGAZIONE** *tutti i verbi che hanno l'***infinito** *che termina in* **-are**;

mangi**are**, cant**are**, gioc**are**…

- *fanno parte della* **SECONDA CONIUGAZIONE** *tutti i verbi che hanno l'infinito che termina in* **-ere**;

legg**ere**, prend**ere**, corr**ere**…

- *fanno parte della* **TERZA CONIUGAZIONE** *tutti i verbi che hanno l'infinito che termina in* **-ire**.

apr**ire**, prefer**ire**, part**ire**…

- *Ci sono anche dei verbi che hanno l'***infinito** *che termina in* **-rre***. Sono considerati come verbi della* **seconda** *coniugazione.*

estr**arre**, prop**orre**, trad**urre**…

- Il verbo cambia a seconda di: **forma, modo, tempo, persona.**

La forma

La forma può essere attiva, passiva o riflessiva.

- **FORMA ATTIVA:** *quando il soggetto compie l'azione.*

Marco ha **pagato** il conto.

- **FORMA PASSIVA:** *quando il soggetto subisce l'azione.*

Il conto **è stato pagato** da Marco.

- **FORMA RIFLESSIVA:** *quando soggetto e oggetto coincidono.*

Luisa **si veste**.

Il modo

Il modo può essere finito o indefinito.

- **MODI FINITI:**
  si riferiscono a un soggetto definito. I modi finiti sono: **indicativo, congiuntivo, condizionale, imperativo.**

Marco **paga** il conto. *(indicativo)*
Penso che Sofia **abbia** fame. *(congiuntivo)*
Vorrei un bicchiere d'acqua. *(condizionale)*
Pietro, **parla** più lentamente! *(imperativo)*

- **MODI INDEFINITI:**
  non definiscono il soggetto a cui si riferiscono. I modi indefiniti sono: **infinito, gerundio, participio.**

Viaggiare è interessante e divertente. *(infinito)*
Studiando s'impara. *(gerundio)*
Visto il brutto tempo, abbiamo preferito stare a casa. *(participio)*

Il tempo

Il tempo indica il momento in cui si realizza l'azione. I tempi si dividono in semplici e composti.

- **TEMPI SEMPLICI:** *sono formati da un solo verbo coniugato al modo e tempo richiesti. Sono:* **indicativo presente, imperfetto, futuro semplice, passato remoto; congiuntivo presente e imperfetto; condizionale semplice; forme semplici di infinito, gerundio e participio.**

    Marta **viaggia** molto. *(indicativo presente)*

    Pietro **studiava** il francese. *(indicativo imperfetto)*

- **TEMPI COMPOSTI:** *sono formati dal verbo ausiliare (essere o avere) e dal participio passato del verbo. Sono:* **indicativo passato prossimo, trapassato prossimo, futuro anteriore, trapassato remoto; condizionale composto; congiuntivo passato e trapassato; le forme composte di infinito, gerundio e participio.**

    Ieri **ho comprato** la macchina. *(indicativo passato prossimo)*

    Luisa **è andata** al mare. *(indicativo passato prossimo)*

    Avrei preferito un gelato. *(condizionale composto)*

Ogni modo ha diversi tempi:

- *Indicativo:* **presente, passato prossimo, imperfetto, trapassato prossimo, futuro semplice, futuro anteriore, passato remoto, trapassato remoto.**
- *Congiuntivo:* **presente, passato, imperfetto, trapassato.**
- *Condizionale:* **semplice, composto.**
- *Imperativo:* **presente.**
- *Infinito:* **semplice, composto.**
- *Gerundio:* **semplice, composto.**
- *Participio:* **presente, passato.**

La persona

- *Le persone sono sei: tre singolari (**io, tu, lui/lei**) e tre plurali (**noi, voi, loro**).*

    Leo parla con Giorgio. *(3ª persona singolare = lui)*

    Noi andiamo al mare. *(1ª persona plurale = noi)*

- *Nei modi finiti ogni persona ha una desinenza differente, che serve per indicare il soggetto.*

    Io part**o**, **tu** part**i**, **lui/lei** part**e**, **noi** part**iamo**, ...

- *In italiano non sempre è necessario specificare il pronome personale soggetto.*

    Domani part**o**. *(1ª persona singolare = il soggetto è "io")*

    Part**i** domani? *(2ª persona singolare = il soggetto è "tu")*

- *Quando si parla in modo formale si usa la 3ª persona singolare femminile "Lei".*

    Prend**i** un caffè? *(tu - informale)*
    Prend**e** un caffè? *(Lei - formale)*

-are

MODI FINITI

INDICATIVO

presente	passato prossimo	imperfetto	trapassato prossimo
io parl**o**	io **ho** parl**ato**	io parl**avo**	io **avevo** parl**ato**
tu parl**i**	tu **hai** parl**ato**	tu parl**avi**	tu **avevi** parl**ato**
lui/lei/Lei parl**a**	lui/lei/Lei **ha** parl**ato**	lui/lei/Lei parl**ava**	lui/lei/Lei **aveva** parl**ato**
noi parl**iamo**	noi **abbiamo** parl**ato**	noi parl**avamo**	noi **avevamo** parl**ato**
voi parl**ate**	voi **avete** parl**ato**	voi parl**avate**	voi **avevate** parl**ato**
loro parl**ano**	loro **hanno** parl**ato**	loro parl**avano**	loro **avevano** parl**ato**

futuro semplice	futuro anteriore	passato remoto	trapassato remoto
io parl**erò**	io **avrò** parl**ato**	io parl**ai**	io **ebbi** parl**ato**
tu parl**erai**	tu **avrai** parl**ato**	tu parl**asti**	tu **avesti** parl**ato**
lui/lei/Lei parl**erà**	lui/lei/Lei **avrà** parl**ato**	lui/lei/Lei parl**ò**	lui/lei/Lei **ebbe** parl**ato**
noi parl**eremo**	noi **avremo** parl**ato**	noi parl**ammo**	noi **avemmo** parl**ato**
voi parl**erete**	voi **avrete** parl**ato**	voi parl**aste**	voi **aveste** parl**ato**
loro parl**eranno**	loro **avranno** parl**ato**	loro parl**arono**	loro **ebbero** parl**ato**

CONGIUNTIVO

presente	passato	imperfetto	trapassato
io parl**i**	io **abbia** parl**ato**	io parl**assi**	io **avessi** parl**ato**
tu parl**i**	tu **abbia** parl**ato**	tu parl**assi**	tu **avessi** parl**ato**
lui/lei/Lei parl**i**	lui/lei/Lei **abbia** parl**ato**	lui/lei/Lei parl**asse**	lui/lei/Lei **avesse** parl**ato**
noi parl**iamo**	noi **abbiamo** parl**ato**	noi parl**assimo**	noi **avessimo** parl**ato**
voi parl**iate**	voi **abbiate** parl**ato**	voi parl**aste**	voi **aveste** parl**ato**
loro parl**ino**	loro **abbiano** parl**ato**	loro parl**assero**	loro **avessero** parl**ato**

CONDIZIONALE | IMPERATIVO

semplice	composto		
io parl**erei**	io **avrei** parl**ato**	-	
tu parl**eresti**	tu **avresti** parl**ato**	tu parl**a**!	
lui/lei/Lei parl**erebbe**	lui/lei/Lei **avrebbe** parl**ato**	Lei parl**i**!	
noi parl**eremmo**	noi **avremmo** parl**ato**	noi parl**iamo**!	
voi parl**ereste**	voi **avreste** parl**ato**	voi parl**ate**!	
loro parl**erebbero**	loro **avrebbero** parl**ato**	Loro parl**ino**!	

MODI INDEFINITI

INFINITO		GERUNDIO		PARTICIPIO	
semplice	parl**are**	*semplice*	parl**ando**	*presente*	parl**ante**
composto	**avere** parl**ato**	*composto*	**avendo** parl**ato**	*passato*	parl**ato**

-ere

MODI FINITI
INDICATIVO

presente	*passato prossimo*	*imperfetto*	*trapassato prossimo*
io ricev**o**	io **ho** ricev**uto**	io ricev**evo**	io **avevo** ricev**uto**
tu ricev**i**	tu **hai** ricev**uto**	tu ricev**evi**	tu **avevi** ricev**uto**
lui/lei/Lei ricev**e**	lui/lei/Lei **ha** ricev**uto**	lui/lei/Lei ricev**eva**	lui/lei/Lei **aveva** ricev**uto**
noi ricev**iamo**	noi **abbiamo** ricev**uto**	noi ricev**evamo**	noi **avevamo** ricev**uto**
voi ricev**ete**	voi **avete** ricev**uto**	voi ricev**evate**	voi **avevate** ricev**uto**
loro ricev**ono**	loro **hanno** ricev**uto**	loro ricev**evano**	loro **avevano** ricev**uto**

futuro semplice	*futuro anteriore*	*passato remoto*	*trapassato remoto*
io ricev**erò**	io **avrò** ricev**uto**	io ricev**ei**/ricev**etti**	io **ebbi** ricev**uto**
tu ricev**erai**	tu **avrai** ricev**uto**	tu ricev**esti**	tu **avesti** ricev**uto**
lui/lei/Lei ricev**erà**	lui/lei/Lei **avrà** ricev**uto**	lui/lei/Lei ricev**é**/ricev**ette**	lui/lei/Lei **ebbe** ricev**uto**
noi ricev**eremo**	noi **avremo** ricev**uto**	noi ricev**emmo**	noi **avemmo** ricev**uto**
voi ricev**erete**	voi **avrete** ricev**uto**	voi ricev**este**	voi **aveste** ricev**uto**
loro ricev**eranno**	loro **avranno** ricev**uto**	loro ricev**erono**/ricev**ettero**	loro **ebbero** ricev**uto**

CONGIUNTIVO

presente	*passato*	*imperfetto*	*trapassato*
io ricev**a**	io **abbia** ricev**uto**	io ricev**essi**	io **avessi** ricev**uto**
tu ricev**a**	tu **abbia** ricev**uto**	tu ricev**essi**	tu **avessi** ricev**uto**
lui/lei/Lei ricev**a**	lui/lei/Lei **abbia** ricev**uto**	lui/lei/Lei ricev**esse**	lui/lei/Lei **avesse** ricev**uto**
noi ricev**iamo**	noi **abbiamo** ricev**uto**	noi ricev**essimo**	noi **avessimo** ricev**uto**
voi ricev**iate**	voi **abbiate** ricev**uto**	voi ricev**este**	voi **aveste** ricev**uto**
loro ricev**ano**	loro **abbiano** ricev**uto**	loro ricev**essero**	loro **avessero** ricev**uto**

CONDIZIONALE | IMPERATIVO

semplice	*composto*	
io ricev**erei**	io **avrei** ricev**uto**	-
tu ricev**eresti**	tu **avresti** ricev**uto**	tu ricev**i**!
lui/lei/Lei ricev**erebbe**	lui/lei/Lei **avrebbe** ricev**uto**	Lei ricev**a**!
noi ricev**eremmo**	noi **avremmo** ricev**uto**	noi ricev**iamo**!
voi ricev**ereste**	voi **avreste** ricev**uto**	voi ricev**ete**!
loro ricev**erebbero**	loro **avrebbero** ricev**uto**	Loro ricev**ano**!

MODI INDEFINITI

INFINITO	GERUNDIO	PARTICIPIO
semplice ricev**ere**	*semplice* ricev**endo**	*presente* ricev**ente**
composto **avere** ricev**uto**	*composto* **avendo** ricev**uto**	*passato* ricev**uto**

-ire

MODI FINITI

INDICATIVO

presente	passato prossimo	imperfetto	trapassato prossimo
io parto	io sono partito/a	io partivo	io ero partito/a
tu parti	tu sei partito/a	tu partivi	tu eri partito/a
lui / lei / Lei parte	lui / lei / Lei è partito/a	lui / lei / Lei partiva	lui / lei / Lei era partito/a
noi partiamo	noi siamo partiti/e	noi partivamo	noi eravamo partiti/e
voi partite	voi siete partiti/e	voi partivate	voi eravate partiti/e
loro partono	loro sono partiti/e	loro partivano	loro erano partiti/e

futuro semplice	futuro anteriore	passato remoto	trapassato remoto
io partirò	io sarò partito/a	io partii	io fui partito/a
tu partirai	tu sarai partito/a	tu partisti	tu fosti partito/a
lui / lei / Lei partirà	lui / lei / Lei sarà partito/a	lui / lei / Lei partì	lui / lei / Lei fu partito/a
noi partiremo	noi saremo partiti/e	noi partimmo	noi fummo partiti/e
voi partirete	voi sarete partiti/e	voi partiste	voi foste partiti/e
loro partiranno	loro saranno partiti/e	loro partirono	loro furono partiti/e

CONGIUNTIVO

presente	passato	imperfetto	trapassato
io parta	io sia partito/a	io partissi	io fossi partito/a
tu parta	tu sia partito/a	tu partissi	tu fossi partito/a
lui / lei / Lei parta	lui / lei / Lei sia partito/a	lui / lei / Lei partisse	lui / lei / Lei fosse partito/a
noi partiamo	noi siamo partiti/e	noi partissimo	noi fossimo partiti/e
voi partiate	voi siate partiti/e	voi partiste	voi foste partiti/e
loro partano	loro siano partiti/e	loro partissero	loro fossero partiti/e

CONDIZIONALE | IMPERATIVO

semplice	composto		
io partirei	io sarei partito/a	-	
tu partiresti	tu saresti partito/a	tu parti!	
lui / lei / Lei partirebbe	lui / lei / Lei sarebbe partito/a	Lei parta!	
noi partiremmo	noi saremmo partiti/e	noi partiamo!	
voi partireste	voi sareste partiti/e	voi partite!	
loro partirebbero	loro sarebbero partiti/e	Loro partano!	

MODI INDEFINITI

INFINITO	GERUNDIO	PARTICIPIO
semplice partire	*semplice* partendo	*presente* partente
composto essere partito	*composto* essendo partito	*passato* partito

Il verbo

I verbi italiani

			PARLARE	**RICEVERE**	**PARTIRE**
MODI FINITI	INDICATIVO	*Presente*	parl**o**	ricev**o**	part**o**
		Passato prossimo	**ho** parl**ato**	**ho** ricev**uto**	**sono** part**ito/a**
		Imperfetto	parl**avo**	ricev**evo**	part**ivo**
		Trapassato prossimo	**avevo** parl**ato**	**avevo** ricev**uto**	**ero** part**ito/a**
		Futuro semplice	parl**erò**	ricev**erò**	part**irò**
		Futuro anteriore	**avrò** parl**ato**	**avrò** ricev**uto**	**sarò** part**ito/a**
		Passato remoto	parl**ai**	ricev**etti**	part**ii**
		Trapassato remoto	**ebbi** parl**ato**	**ebbi** ricev**uto**	**fui** part**ito/a**
	CONGIUNTIVO	*Presente*	parl**i**	ricev**a**	part**a**
		Passato	**abbia** parl**ato**	**abbia** ricev**uto**	**sia** part**ito/a**
		Imperfetto	parl**assi**	ricev**essi**	part**issi**
		Trapassato	**avessi** parl**ato**	**avessi** ricev**uto**	**fossi** part**ito/a**
	CONDIZIONALE	*Semplice*	parl**erei**	ricev**erei**	part**irei**
		Composto	**avrei** parl**ato**	**avrei** ricev**uto**	**sarei** part**ito/a**
	IMPERATIVO	*Informale*	parl**a**!	ricev**i**!	part**i**!
		Formale	parl**i**!	ricev**a**!	part**a**!
MODI INDEFINITI	INFINITO	*Semplice*	parl**are**	ricev**ere**	part**ire**
		Composto	**avere** parl**ato**	**avere** ricev**uto**	**essere** part**ito**
	GERUNDIO	*Semplice*	parl**ando**	ricev**endo**	part**endo**
		Composto	**avendo** parl**ato**	**avendo** ricev**uto**	**essendo** part**ito**
	PARTICIPIO	*Presente*	parl**ante**	ricev**ente**	part**ente**
		Passato	parl**ato**	ricev**uto**	part**ito**

Il verbo

Il presente

Forme regolari

- Il presente indicativo dei verbi regolari si forma togliendo **-are**, **-ere**, **-ire** dall'infinito e aggiungendo le terminazioni del presente.

1. abit**are**: abit**o**, abit**i**, abit**a**, abit**iamo**, abit**ate**, abit**ano**

2. prend**ere**: prend**o**, prend**i**, prend**e**, prend**iamo**, prend**ete**, prend**ono**

3. apr**ire**: apr**o**, apr**i**, apr**e**, apr**iamo**, apr**ite**, apr**ono**

- Molti verbi che finiscono in **-ire** prendono la forma **-isc** in alcune persone.

prefer**ire**: prefer**isc**o, prefer**isc**i, prefer**isc**e, preferiamo, preferite, prefer**isc**ono

- I verbi che finiscono in **-care** e **-gare** prendono una **h** nella 2ª persona singolare (tu) e nella 1ª persona plurale (noi).

cer**care**: cerco, cer**chi**, cerca, cer**chiamo**, cercate, cercano

pa**gare**: pago, pa**ghi**, paga, pa**ghiamo**, pagate, pagano

- I verbi riflessivi* si coniugano con i pronomi riflessivi **mi, ti, si, ci, vi, si**.

Io **mi alzo** alle 7.00.
A che ora **ti svegli**?
Mio padre non **si sente** bene.

	ABIT**ARE**	PREND**ERE**	APR**IRE**	PREFER**IRE**
io	abit-**o**	prend-**o**	apr-**o**	prefer-**isc**-o
tu	abit-**i**	prend-**i**	apr-**i**	prefer-**isc**-i
lui/lei/Lei	abit-**a**	prend-**e**	apr-**e**	prefer-**isc**-e
noi	abit-**iamo**	prend-**iamo**	apr-**iamo**	prefer-iamo
voi	abit-**ate**	prend-**ete**	apr-**ite**	prefer-ite
loro	abit-**ano**	prend-**ono**	apr-**ono**	prefer-**isc**-ono

RIFLESSIVI	
	ALZAR**SI**
io	**mi** alz-o
tu	**ti** alz-i
lui/lei/Lei	**si** alz-a
noi	**ci** alz-iamo
voi	**vi** alz-ate
loro	**si** alz-ano

Come **preferire** si coniugano anche: **capire, finire, pulire, spedire, costruire**, ecc. Capisci?

* Per i verbi riflessivi vedi il capitolo 5, a pag. 40.

Forme irregolari

ESSERE	AVERE	SAPERE	STARE	DARE	FARE	ANDARE
sono	ho	so	sto	do	faccio	vado
sei	hai	sai	stai	dai	fai	vai
è	ha	sa	sta	dà	fa	va
siamo	abbiamo	sappiamo	stiamo	diamo	facciamo	andiamo
siete	avete	sapete	state	date	fate	andate
sono	hanno	sanno	stanno	danno	fanno	vanno

VENIRE	TENERE	RIMANERE	USCIRE	DIRE	BERE	SCEGLIERE
vengo	tengo	rimango	esco	dico	bevo	scelgo
vieni	tieni	rimani	esci	dici	bevi	scegli
viene	tiene	rimane	esce	dice	beve	sceglie
veniamo	teniamo	rimaniamo	usciamo	diciamo	beviamo	scegliamo
venite	tenete	rimanete	uscite	dite	bevete	scegliete
vengono	tengono	rimangono	escono	dicono	bevono	scelgono

SPEGNERE	SALIRE	TRARRE	PROPORRE	TRADURRE
spengo	salgo	traggo	propongo	traduco
spegni	sali	trai	proponi	traduci
spegne	sale	trae	propone	traduce
spegniamo	saliamo	traiamo	proponiamo	traduciamo
spegnete	salite	traete	proponete	traducete
spengono	salgono	traggono	propongono	traducono

Come venire: convenire, prevenire, provenire, divenire
Come tenere: appartenere, trattenere, contenere, ottenere
Come rimanere: valere
Come dire: benedire, contraddire, disdire, maledire, predire
Come scegliere: togliere, raccogliere, sciogliere, accogliere
Come trarre: attrarre, sottrarre, detrarre, protrarre, contrarre
Come proporre: porre, comporre, disporre, deporre, anteporre, opporre, supporre
Come tradurre: condurre, produrre, dedurre, introdurre, ridurre, sedurre

● ***Dovere*, *potere* e *volere*** sono verbi servili: si chiamano così perché sono al servizio del verbo all'infinito che li segue. Si usano per esprimere obbligo, possibilità e volontà.

- **Vuoi** venire al cinema?
- Mi dispiace, stasera non **posso** uscire perché **devo** finire questo lavoro.

DOVERE	POTERE	VOLERE
devo	posso	voglio
devi	puoi	vuoi
deve	può	vuole
dobbiamo	possiamo	vogliamo
dovete	potete	volete
devono	possono	vogliono

} + VERBO INFINITO (studiare)

Il presente 1

Uso del presente

Il presente si usa per:

- *parlare di azioni al presente o al futuro immediato;*

   Oggi **lavoro** fino alle 17:00 e poi **parto** per Siena.

- *descrivere persone, animali, oggetti e luoghi;*

   Paola **ha** i capelli castani e **porta** gli occhiali.
   I miei pantaloni arancioni **hanno** molte tasche.
   La mia casa **è** piccola ma **ha** un giardino grande.

- *parlare di abitudini e attività quotidiane;*

   Di solito per andare all'università non **prendo** l'autobus, **preferisco** andare a piedi.

- *fare inviti e proposte, accettarli o rifiutarli;*

   - **Vieni** a cena da me stasera?
   - Sì, **vengo** volentieri, **arrivo** verso le otto.

- *dare istruzioni;*

   Per venire a casa mia **devi** prendere l'autobus fino a Piazza della Repubblica. Quando **scendi**, **giri** a sinistra in Via Garibaldi e **continui** fino al semaforo: la mia casa è proprio lì.

- *presentare una biografia o un fatto storico.*

   Giuseppe Verdi **nasce** a Busseto nel 1813 e **muore** a Milano nel 1901.

   Nel 1861 l'Italia **diventa** un Paese unito.

Esercizi

1 *La giornata di Michela*

a. Sottolinea i verbi al presente, come nell'esempio.

<u>Mi chiamo</u> Michela, sono italiana, abito a Bologna ma lavoro a Rimini in un'agenzia di viaggi. La mattina parto presto: in inverno di solito prendo il treno, in estate preferisco andare in macchina. Quando arrivo, apro l'ufficio e lavoro fino alle 13:00. All'ora di pranzo mangio un panino e poi cerco un posto tranquillo sul lungomare per rilassarmi un po'.

b. Ora trasforma il testo alla 3ª persona singolare.

<u>Si chiama Michela, è italiana...</u>

c. Completa la storia di Michela con i verbi della lista.

| cucina | vedono | guarda | torna | trova | mangiano | lava | fa | vanno | mette | finisce |

Dopo il lavoro Michela _____ a casa. _____ sempre la cena pronta perché suo marito _____ di lavorare prima di lei e _____. _____ insieme e dopo lei _____ i piatti e _____ un po' in ordine, mentre suo marito si _____ la doccia o _____ la televisione. Spesso la sera _____ gli amici o _____ al cinema.

2 Un piccolo test psicologico
Coniuga i verbi al presente, abbina le domande alle risposte e scopri qualcosa di te!

DOMANDE

Quando _____ (tu - essere) in vacanza in un posto nuovo, come _____ (tu - passare) la giornata?
Di solito _____ (tu - pensare) alla tua vita passata, presente o futura?
Quando _____ (tu - andare) a letto, che cosa _____ (tu - fare)?
Piove: _____ (tu - aprire) la finestra e che cosa (tu - dire) _____ ?
Che cosa _____ (tu - preferire) fare nel tempo libero?

Adesso scrivi le domande al posto giusto.

1. _____ ?

a) ____**Leggo**____ un libro o _____ il cellulare.   (leggere, guardare)
b) _____ subito perché _____ sonno.   (dormire, avere)
c) _____ ai miei problemi.   (pensare)

2. _____ ?

a) Non mi piace la pioggia, ma l'acqua _____ bene   (fare)
   ai fiori e agli alberi.
b) Oh no, che brutto! Oggi _____ a casa.   (restare)
c) Dai, fra poco _____ il sole!   (tornare)

3. _____ ?

a) Mi riposo e non _____ niente di speciale.   (fare)
b) _____ la mattina e _____ la sera.   (uscire, tornare)
c) _____ la guida e _____ i luoghi più interessanti.   (leggere, visitare)

4. _____ ?

a) _____ vedere i miei amici.   (preferire)
b) _____ la musica e _____ sui Social.   (ascoltare, stare)
c) _____ a fare una passeggiata.   (andare)

5. _____ ?

a) _____ il passato.   (ricordare)
b) _____ nel presente.   (vivere)
c) _____ al futuro.   (guardare)

1 Il presente

Calcola il punteggio e leggi il profilo del tuo carattere.

DOMANDA	A	B	C
1	3	2	1
2	2	1	3
3	1	3	2
4	3	1	2
5	1	3	2

Da 15 a 11 punti
Sei solare e ottimista. Ti piace stare con gli altri e ti godi la vita.
Da 10 a 7 punti
Sei una persona abbastanza positiva, ma a volte pensi troppo al lavoro e ai tuoi problemi.
Meno di 7 punti
Sei pessimista e non sei una persona serena. Devi vivere meglio la tua vita e stare più tempo con gli amici.

3 *Vita quotidiana*
Completa le frasi con i verbi al presente. I verbi della lista non sono in ordine.

> *prendere   mettere   andare   fare   fare   fare   giocare*
> *preferire   avere   avere   stare   dormire   essere   scrivere*

a. La mattina io e Laura _____ la spesa al supermercato vicino a casa.

b. Matteo e Giacomo non _____ a calcio, _____ la pallacanestro.

c. Per andare alla festa di Emma, Martina _____ un vestito elegante.

d. Venerdì mia madre e mio padre _____ il treno per andare a Roma.

e. Riccardo, sei stanco? _____ sonno? Perché non _____ a letto?

f. Voi _____ una e-mail al padrone di casa? Io, invece, vorrei parlare con lui.

g. Domani io _____ una passeggiata in montagna. E tu che cosa _____?

h. Oggi Virginia _____ contenta perché non deve andare a scuola.

i. ● Ciao Giacomo, come va?
   ▫ Non _____ bene, _____ il raffreddore.

l. La domenica io mi alzo presto. E voi _____ sempre fino a tardi?

4 Un bacione da _____

Completa l'e-mail con i verbi al presente, come nell'esempio. Poi indovina in quale città abita Elena.

| essere | essere | fare | fare | lavorare | avere | andare | andare | _stare_ | imparare |
| prendere | prendere | visitare | preferire | piacere | venire | abitare | | | |

Cara Yutta,
è da tantissimo tempo che non ci sentiamo! Come va? Io e Richard _**stiamo**_ benissimo qui a _____. Noi _____ in un bilocale a Trastevere. Questa zona è fantastica: è piena di vita e di gente giovane. Ci sono anche tantissimi ristoranti e nel fine settimana _____ spesso a mangiare in una trattoria tipica dove _____ sempre la "carbonara", la nostra pasta preferita.
Il mio nuovo lavoro mi piace molto: _____ l'insegnante di inglese in una scuola elementare.
I bambini sono molto carini, _____ 7 o 8 anni e _____ l'inglese velocemente.
Ricky _____ in un'agenzia immobiliare, ma non _____ soddisfatto: lo stipendio _____ basso e poi il suo ufficio si trova lontano da qui.
Io sono fortunata perché _____ a scuola a piedi invece lui ogni mattina _____ il tram e poi la metro. E sai che qui il traffico è terribile. Forse questo è l'unico aspetto negativo di questa città.
Nel fine settimana di solito facciamo i turisti: non _____ musei e chiese, ma _____ andare a vedere le piazze (mi _____ Campo de' Fiori) e le fontane (non c'è solo la Fontana di Trevi).
E _____ anche tantissime foto da mettere su Instagram.
Vorrei vederti! Quando _____ a trovarci?
Un bacione,
Elena

In quale città abita Elena? _____

5 Vedi _____ e poi muori

Questa è la risposta di Yutta. Scegli il verbo corretto e poi indovina dove Yutta passerà le vacanze.

Carissima Elena,
ti ringrazio per l'invito ma purtroppo non *posso / voglio / so* venire a trovarti. Antonio è il tipico italiano, legatissimo alla famiglia. E così *può / vuole / voglio* andare a trovare i suoi anche a Pasqua. Voi italiani dite "Natale con i tuoi, Pasqua con chi *puoi / conosci / vuoi*" ma non è vero! Antonio, infatti, dice che *vogliono / devono / dobbiamo* andare a casa sua perché la sua famiglia *vogliono / vuole / possono* conoscermi. Mamma mia! I suoi genitori non *sanno / possono / vogliono* il tedesco e io ho paura di non riuscire a esprimermi bene in italiano. In ogni caso, sono contenta di partire: non *conosco / so / sa* l'Italia del Sud e, siccome andiamo in moto, *possiamo / sappiamo / può* fare un po' i turisti e visitare Pompei, il Vesuvio e la Costiera Amalfitana. La mamma di Antonio *sa / può / vuole* cucinare benissimo: non solo la pizza, che è nata proprio in questa città, ma anche il pesce e tanti altri piatti buonissimi. Insomma, tutti mi dicono che *devo / posso / voglio* assolutamente vedere _____. L'ha detto anche il famoso scrittore tedesco Goethe, nel 1787: "Vedi _____ e poi muori!" Sarà anche vero, ma dopo questo viaggio io *devi / voglio / posso* vedere te!
Un bacione
Yutta

In quale città va in vacanza Yutta?
_____

Curiosità: l'espressione "Vedi _____ e poi muori" significa che questa città è così bella che non si può morire senza averla vista.

Il presente

1

I verbi italiani

6 Messaggi
Completa questi messaggi con il presente dei verbi *dovere*, *volere* e *potere*.

1
Giulia, _____ passare a prendere i bambini a scuola? Escono alle 4 e poi _____ andare in piscina. Io arrivo verso le 7 perché _____ andare dal dentista. Baci, *Paolo*

2
Valeria, non _____ passare a prenderti. Vieni tu da me: _____ prendere il 15 in Via Torino e scendere alla terza fermata. O_____ anche venire a piedi, anzi forse fai prima. A più tardi, *Carlo*

3
Maurizio, hanno telefonato i Martini per sapere se _____ andare a cena da loro domani. _____ una risposta entro stasera. Per me va bene, tu _____? Chiamami, *Isa*

7 Stranieri a Bologna
Blanca scrive un post per la pagina Facebook "Stranieri a Bologna". Metti al presente i verbi fra parentesi.

Ciao a tutti. Mi presento: mi chiamo Blanca, sono argentina, studio architettura e _____ (*vivere*) a Bologna da un anno. _____ (*essere*) felice qui e non mi sento sola: ho una bella "famiglia" di amici. Nel mio appartamento _____ (*loro - abitare*) altri quattro studenti: _____ (*essere*) simpatici e _____ (*noi - stare*) bene insieme. Siamo in tanti, ma così _____ (*pagare*) meno per l'affitto. Per fortuna la casa _____ (*essere*) grande: _____ (*esserci*) due camere, il soggiorno con un balcone, la cucina e il bagno.
Io _____ (*dividere*) la camera con Julia, una ragazza polacca. Lei _____ (*avere*) vent'anni e _____ (*studiare*) Medicina. _____ (*lei - parlare*) benissimo l'italiano e _____ (*preferire*) non usare mai l'inglese con me. Nell'altra camera _____ (*dormire*) due ragazze coreane, Jisoo e Gahee; Jisoo _____ (*essere*) un po' chiusa, invece Gahee _____ (*avere*) un carattere aperto e solare. _____ (*essere*) due musiciste: _____ (*suonare*) il violino e _____ (*frequentare*) il primo anno del Conservatorio. Non _____ (*amare*) parlare in italiano, ma _____ (*capire*) tutto: quando noi _____ (*parlare*) con loro in italiano, _____ (*rispondere*) in inglese! E poi c'è un ragazzo tedesco, si chiama Fabian e _____ (*fare*) un master in Comunicazione. _____ (*cucinare*) bene e spesso _____ (*preparare*) la cena anche per noi. Poverino, _____ (*dormire*) sul divano in soggiorno. Lui dice spesso: "Don't worry! _____ (*avere*) sonno e _____ (*essere*) giovane! Posso dormire anche sul pavimento!".
Ecco, questi siamo noi: stranieri che amano Bologna.

8 Il genio italiano
Completa il testo con i verbi al presente. I verbi della lista non sono in ordine

costruire   andare   nascere   lavorare   partire   essere   esserci   progettare   morire   dipingere

È il genio del Rinascimento italiano per eccellenza. _____ a Vinci nel 1452. _____ pittore, architetto, scienziato e scrittore. All'inizio _____ per Ludovico il Moro, signore di Milano, e poi _____ per Venezia e Firenze. Nel 1506 torna a Milano e _____ i lavori di fortificazione del Naviglio. Più tardi si trasferisce a Roma, al servizio di Giuliano de' Medici, e nel 1517 _____ in Francia alla corte di Francesco I dove _____ due anni più tardi. Come pittore _____ opere meravigliose: la *Gioconda*, la *Vergine e il Bambino* e la famosa *Ultima Cena*. Come scienziato _____ macchine per volare, strumenti nautici e scientifici. Sulla moneta italiana da 1 euro _____ uno dei suoi disegni più famosi.

Chi è? _____

9 Rifletti sulla lingua
A che cosa serve il presente? Segna con una X quali funzioni esprime in ogni esercizio. Ci possono essere più funzioni nello stesso testo.

	parlare di azioni al presente o al futuro immediato	descrivere persone, animali, oggetti, luoghi	parlare di abitudini e attività quotidiane	fare inviti e proposte, accettarli o rifiutarli	dare istruzioni	presentare una biografia o un fatto storico
La giornata di Michela						
Sei felice?						
Vita quotidiana						
Un bacione da _____						
Vedi _____ e poi muori						
Messaggi						
Stranieri a Bologna						
Il genio italiano						

Il passato prossimo

Formazione del passato prossimo

- Il passato prossimo è un tempo composto. Si chiamano composti i tempi verbali che si costruiscono con due verbi: un ausiliare (**essere** o **avere**) e un participio passato.

> L'anno scorso **sono andato** in India.
>
> Ieri **abbiamo mangiato** al ristorante.

- Il participio passato si costruisce sostituendo **-are/-ere/-ire** con **-ato/-uto/-ito**.

> parl**are** → Ada ha parl**ato** con Gianni.
>
> ricev**ere** → Ho ricev**uto** molte e-mail.
>
> sped**ire** → Hai sped**ito** il pacco?

- Quando si usa l'ausiliare **essere** il participio passato concorda con il soggetto.

> Luisa **è partita** per la Sicilia, invece Marco **è rimasto** a casa.
>
> Luisa e Francesca **sono partite** per la Sicilia, invece Marco e Luigi **sono rimasti** a casa.
>
> I miei genitori **si sono conosciuti** nel 1994 e **si sono sposati** nel 1998.

ausiliare
AVERE
o
ESSERE
+
participio passato
-ato
-uto
-ito

	PARLARE	RICEVERE	SPEDIRE
io	**ho** parl**ato**	**ho** ricev**uto**	**ho** sped**ito**
tu	**hai** parl**ato**	**hai** ricev**uto**	**hai** sped**ito**
lui/lei/Lei	**ha** parl**ato**	**ha** ricev**uto**	**ha** sped**ito**
noi	**abbiamo** parl**ato**	**abbiamo** ricev**uto**	**abbiamo** sped**ito**
voi	**avete** parl**ato**	**avete** ricev**uto**	**avete** sped**ito**
loro	**hanno** parl**ato**	**hanno** ricev**uto**	**hanno** sped**ito**

AVERE	ESSERE	ANDARE	CRESCERE	DIVERTIRSI
ho avuto	**sono** stato/a	**sono** andato/a	**sono** cresciuto/a	mi **sono** divertito/a
hai avuto	**sei** stato/a	**sei** andato/a	**sei** cresciuto/a	ti **sei** divertito/a
ha avuto	**è** stato/a	**è** andato/a	**è** cresciuto/a	si **è** divertito/a
abbiamo avuto	**siamo** stati/e	**siamo** andati/e	**siamo** cresciuti/e	ci **siamo** divertiti/e
avete avuto	**siete** stati/e	**siete** andati/e	**siete** cresciuti/e	vi **siete** divertiti/e
hanno avuto	**sono** stati/e	**sono** andati/e	**sono** cresciuti/e	si **sono** divertiti/e

Participio passato - Forme irregolari

-tto
fare	fa**tto**
dire	de**tto**
leggere	le**tto**
correggere	corre**tto**
scrivere	scri**tto**
friggere	fri**tto**
rompere	ro**tto**
cuocere	co**tto**
tradurre	trado**tto**

-rto
aprire	ape**rto**
offrire	offe**rto**
soffrire	soffe**rto**
coprire	cope**rto**
scoprire	scope**rto**
morire	mo**rto**
accorgersi	acco**rto**

-nto
piangere	pia**nto**
spegnere	spe**nto**
spingere	spi**nto**
vincere	vi**nto**
aggiungere	aggiu**nto**
dipingere	dipi**nto**
assumere	assu**nto**

-lto
scegliere	sce**lto**
togliere	to**lto**
raccogliere	racco**lto**
sciogliere	scio**lto**
risolvere	riso**lto**
rivolgersi	rivo**lto**

-so
prendere	pre**so**
rendere	re**so**
accendere	acce**so**
spendere	spe**so**
scendere	sce**so**
offendere	offe**so**
decidere	deci**so**
uccidere	ucci**so**
ridere	ri**so**
dividere	divi**so**
chiudere	chiu**so**
concludere	conclu**so**
diffondere	diffu**so**

-sto
rimanere	rima**sto**
chiedere	chie**sto**
rispondere	rispo**sto**
comporre	compo**sto**
proporre	propo**sto**
disporre	dispo**sto**
vedere	vi**sto**

-rso
perdere	pe**rso**
correre	co**rso**

-sso
mettere	me**sso**
succedere	succe**sso**
permettere	perme**sso**
esprimere	espre**sso**
muovere	mo**sso**
discutere	discu**sso**

*I verbi **essere** e **stare** hanno lo stesso participio: **stato***

Attenzione! Sono irregolari anche:
essere → **stato**   vivere → **vissuto**
venire → **venuto**   nascere → **nato**

Il passato prossimo

Il passato prossimo

Avere o essere?

- Tutti i verbi transitivi vogliono l'ausiliare **avere**. Si chiamano "transitivi" i verbi che possono avere un complemento di oggetto diretto, cioè i verbi che rispondono alle domande "chi?" "che cosa?"

    > Stefano **ha incontrato** *(chi?)* → Cristina.
    >
    > Stefano **ha spedito** *(che cosa?)* → il materiale.

- Tutti i verbi riflessivi* vogliono l'ausiliare **essere**: lavarsi, vestirsi, divertirsi, annoiarsi, salutarsi, conoscersi, abbracciarsi...

    > Lucia **si è divertita** molto alla festa, invece Pietro **si è annoiato**.

Vogliono l'ausiliare **essere** anche:

- i verbi che indicano **movimento**: andare, venire, partire, tornare, arrivare, entrare, uscire, salire, scendere, cadere...
  Eccezioni: passeggiare, camminare, viaggiare, guidare, nuotare, ballare...;

    > Filippo **è uscito** con gli amici: **sono andati** in discoteca e **hanno ballato** tutta la notte.

- i verbi che indicano **stato in luogo**: essere, stare, restare, rimanere;

    > L'anno scorso **siamo stati** in Turchia.
    >
    > I nonni **sono rimasti** in campagna tutta l'estate.

- i verbi che indicano un **cambiamento** nel soggetto: crescere, diventare, ingrassare, dimagrire, nascere, morire...;

    > Questo gruppo rock **è diventato** famoso nel 2021.
    >
    > Paolo **è nato** nel 2000.

- i seguenti verbi: piacere, sembrare, accadere, succedere, capitare, bastare, mancare, servire, interessare, durare. Nella maggior parte dei casi si usano alla 3ª persona singolare e plurale e con i pronomi indiretti.

    > - Perché avete quella faccia? **Vi è successo** qualcosa?
    > - No, è che la conferenza **è durata** troppo e non **ci è piaciuta** per niente.
    >
    > - Come ti sembrano i nuovi vicini di casa?
    > - Li ho incontrati ieri e **mi sono sembrati** simpatici.

Alcuni verbi hanno l'ausiliare **essere** o **avere** a seconda dei casi:

- i verbi **cominciare, finire, cambiare, aumentare**...

    -quando sono transitivi vogliono l'ausiliare **avere**;

    > Eva **ha cominciato** *(che cosa?)* → la scuola.
    >
    > **Abbiamo finito** *(che cosa?)* → la birra.

    -quando sono intransitivi vogliono l'ausiliare **essere**.

    > Il film **è cominciato** alle 22:30.
    >
    > La lezione **è finita** alle 15:00.

- I verbi **volere, potere** e **dovere** prendono l'ausiliare richiesto dal verbo che li segue.

    > <u>**Sono** dovuto **andare**</u> a Como a prendere Anna.
    >
    > <u>**Ho** dovuto **fare**</u> la spesa perché il frigo era vuoto.

*Per i verbi riflessivi vedi il capitolo 5, a pag. 40.

Uso del passato prossimo

• *Il passato prossimo si usa per raccontare fatti al passato.*

> Ieri **ho incontrato** una mia amica e **siamo andate** a prendere un aperitivo insieme.
>
> L'anno scorso **siamo stati** in vacanza in Sardegna e **ci siamo divertiti** molto.

Esercizi

1 E-mail
Completa questa e-mail con le parti mancanti e poi scrivi i verbi nella colonna corrispondente, come nell'esempio.

Caro Massimo,
ho ricev**uto** il tuo messaggio: ti ho già sped____ tutto il materiale, ma purtroppo non ho ancora fin____ di scrivere la relazione. Scusami, non ho av____ il tempo di farlo perché sono and____ a Milano per lavoro. Lì ho incontr____ Cristina e le ho parl____ del nostro progetto. Abbiamo programm____ una riunione online per giovedì prossimo. Ti va bene questa data?
Ciao,
Stefano

-are	-ere	-ire
	ho ricevuto	

2 Mi presento...
Completa il testo con il participio passato.

Mi chiamo Alberto e sono nato a Padova. Sono _____ *(stare)* nella mia città per 25 anni. Ho _____ *(studiare)* ingegneria e dopo l'università ho _____ *(ricevere)* un'offerta di lavoro all'estero. Così sono _____ *(partire)* per Londra. Lì ho _____ *(conoscere)* Linda, mia moglie. Abitiamo in Inghilterra da cinque anni e un mese fa abbiamo _____ *(avere)* una bellissima bambina.

3 Un libro per te
Completa l'e-mail con gli ausiliari *essere* o *avere*.

A: @mauro
Oggetto: Libro del Prof

Ciao Mauro,
come stai? Tu e Giulia _____ passato delle belle vacanze? Io non _____ ancora partito, purtroppo. Ti scrivo per dirti che la settimana scorsa _____ andato all'università e _____ incontrato il professor Brembo che mi _____ dato un libro per te. _____ venuto a casa tua ma non _____ trovato nessuno. Allora _____ stato a casa di tua sorella e _____ lasciato il libro a lei. _____ visto il tuo nipotino: come _____ cresciuto!

A presto, Luigi

PS: _____ saputo che Francesca si _____ laureata?

4 Chi al mare, chi in montagna…
a. Completa i verbi con la parte mancante del participio passato.

Due amici, Sandra ed Enrico, si incontrano dopo le vacanze.

Enrico - Ciao, sei già tornat____ dalle Dolomiti?
Sandra - Sì, sono arrivat____ l'altro ieri. E tu dove sei stat____?
Enrico - In Puglia, a Gallipoli. È stat____ una vacanza meravigliosa.
Sandra - Ma ci sei andat____ da solo?
Enrico - No, no, con degli amici. Abbiamo affittat____ una casa al mare per due settimane e abbiamo fatt____ anche delle gite nei dintorni. E tu?
Sandra - Io invece sono stat____ in Val Badia e ho fatt____ molte passeggiate. Una volta sono anche salit____ sul Piz Boé* e poi mi sono fermat____ a dormire in un rifugio**. Sono rimast____ a più di 2000 metri per tre giorni. È stat____ un'esperienza indimenticabile.

b. Ora riscrivi il dialogo immaginando che Sandra e Laura stiano parlando con Enrico e Paolo.

Enrico e Paolo - Ciao, siete già tornat____ dalle Dolomiti?
Sandra e Laura - _____

* Piz Boé: montagna delle Dolomiti.
** rifugio: casa di montagna in alta quota per escursionisti.

5) Hai mai fatto queste esperienze?
Completa le domande con il participio passato dei verbi della lista. I verbi non sono in ordine. Rispondi e poi prova a intervistare il tuo compagno / la tua compagna.

avere   cadere   vendere   mangiare   nuotare   essere   andare
partire   passare   conoscere   uscire   dormire   alzare

	Io	Il mio compagno/La mia compagna
Sei mai _andato/a_ a cavallo?		
Sei mai _____ dalle scale?		
Hai mai _____ la polenta?		
Hai mai _____ un cane o un gatto?		
Hai mai _____ in spiaggia?		
Hai mai _____ più di tre giorni senza usare lo smartphone?		
Ti sei mai _____ alle tre del mattino?		
Sei mai _____ a Ischia?		
Sei mai _____ di casa con due calzini diversi?		
Hai mai _____ con i delfini?		
Hai mai _____ un personaggio famoso?		
Hai mai _____ qualcosa online?		
Sei mai _____ per un viaggio senza valigie?		

6) I participi nascosti
Cerca nel puzzle i participi passati dei verbi dati sotto all'infinito: possono essere in posizione orizzontale →, verticale ↓ e obliqua ↗.

togliere ↓
aggiungere ↓
spegnere →
accendere ↗
prendere ↓
rompere ↗
essere ↓
raccogliere →
scendere ↓
assumere →
offrire →
iscrivere →
permettere ↓
fare ↓
nascere ↗
vedere ↓
promettere →
vivere ↓
morire ↓
cuocere ↗

S	D	A	R	A	C	C	O	L	T	O	S	A
V	E	C	T	G	A	I	S	B	O	M	F	S
I	R	S	A	G	M	I	T	N	L	I	A	O
S	M	U	P	I	E	H	R	I	T	A	T	E
T	E	P	R	U	M	O	V	M	O	T	T	C
O	S	P	E	N	T	O	A	S	O	B	O	S
R	U	E	S	T	E	D	I	C	E	B	S	C
I	V	R	O	O	S	T	E	I	C	U	L	E
A	I	M	P	L	L	U	C	O	I	E	A	S
D	S	E	T	B	P	R	O	M	E	S	S	O
A	S	S	U	N	T	O	V	O	N	T	U	O
P	U	S	M	U	I	S	X	R	C	A	V	U
E	T	O	O	F	F	E	R	T	O	T	T	I
C	O	G	R	A	I	S	D	O	R	O	R	O
I	S	C	R	I	T	T	O	S	A	V	I	N

il passato prossimo

Il passato prossimo

7 Chi lo sa?
Completa il quiz con i verbi al passato prossimo. Poi prova a rispondere alle domande.

scrivere -	Chi _____ "Pinocchio"?
essere -	Quale città _____ la prima capitale d'Italia?
dipingere -	Chi _____ la Cappella Sistina?
comporre -	Chi _____ L'Aida?
fare -	Chi _____ il bagno nella Fontana di Trevi nel film "La dolce vita"?
vincere -	Quale attore italiano _____ l'Oscar con il film "La vita è bella"?
scegliere -	In che anno gli italiani _____ fra monarchia e repubblica?
nascere -	Dove _____ Dante Alighieri?

8 Cambiare vita
Completa l'e-mail con gli ausiliari *essere* o *avere*.

Nuovo messaggio

A: @marina
Oggetto: Grandi novità

Cara Marina,
da quando tu hai lasciato l'Italia e _____ partita per la Turchia, anch'io _____ pensato molto alla mia vita e _____ preso la mia decisione: mi _____ iscritta a un master sull'agricoltura biologica a Imperia. _____ inviato il mio curriculum e dopo due settimane _____ ricevuto una telefonata: mi avevano preso! Tre giorni dopo _____ partita. Per i primi tempi _____ stata in un bed and breakfast e poi _____ trovato un appartamentino vicino al porto. Il corso _____ durato 6 mesi e _____ fatto anche uno stage in un'azienda che produce olio. Quando il corso _____ finito, l'azienda mi _____ offerto un lavoro come manager del controllo qualità. Ma le novità non _____ finite qui! Nella pizzeria sotto casa mia _____ conosciuto Fabio. Dopo qualche mese _____ cominciato a uscire insieme e adesso mi _____ trasferita a casa sua. In pochissimo tempo la mia vita _____ cambiata: _____ cambiato città, casa, lavoro, amici e fidanzato! Niente male, vero? Quando vieni a trovarmi? Aspetto tue notizie al più presto!
Baci
Paola

9 Che lavoro fanno?

Alcune persone raccontano la loro giornata. Indovina che lavoro fanno e poi trasforma i testi al passato prossimo.

1. Ogni mese faccio circa 10 concerti e viaggio molto. Qualche volta purtroppo rimango senza voce e devo interrompere la tournée. I miei fan mi chiedono spesso il bis e i miei video hanno milioni di visualizzazioni su YouTube.

1. *Il mese scorso* _____

2. Ci sono le sfilate e lavoro moltissimo in Italia e all'estero. Metto e tolgo molti vestiti e provo modelli nuovi. Conosco persone famose e diversi stilisti mi chiedono di lavorare per loro. Sono così impegnata che non ho neanche il tempo per visitare le città dove vado!

2. *La settimana scorsa* _____

3. Ogni mattina mi alzo presto, mi faccio la doccia, mi metto la divisa, mi trucco, preparo la valigia e vado all'aeroporto. Quando arrivo, controllo i biglietti dei passeggeri, saliamo insieme sull'aereo e poi partiamo. Arriviamo a Madrid alle 11:30. Alle 18:00 riparto per Milano.

3. *Anche ieri mattina* _____

2 Il passato prossimo

10 Un week end alle Cinque Terre
Completa il testo con i verbi al passato prossimo.

La settimana scorsa Giulia _____ *(essere)* alle Cinque Terre. _____ *(partire)* sabato mattina molto presto da Milano e _____ *(arrivare)* a Riomaggiore alle 11:30. _____ *(lasciare)* i bagagli in un piccolo hotel, _____ *(comprare)* qualcosa da mangiare e poi _____ *(andare)* a piedi fino a Manarola, sulla Via dell'Amore. _____ *(camminare)* per circa 20 minuti e poi _____ *(vedere)* subito le case colorate e il piccolo porto del paese. Lì _____ *(incontrare)* dei suoi amici e insieme _____ *(prendere)* il sentiero per Corniglia. A metà strada _____ *(loro - fermarsi)* in una spiaggia e _____ *(fare)* il bagno. Dopo, tutti insieme _____ *(continuare)* la passeggiata fino a Vernazza, dove _____ *(bere)* un bicchiere di vino nella piazzetta del paese. Poi _____ *(arrivare)* a Monterosso, l'ultima delle Cinque Terre, e da lì _____ *(prendere)* il treno per tornare a Riomaggiore. La domenica _____ *(loro - passare)* tutta la giornata in spiaggia. _____ *(essere)* un fine-settimana stupendo.

11 Quante scuse!
Leggi le frasi e completa le risposte con *potere*, *dovere* o *volere* al passato prossimo.

Patrizia è rimasta in casa tutto il giorno ma non ha fatto quello che sua madre le aveva detto. Ecco come si giustifica con lei.

1. Perché non hai portato fuori il cane?
   Non _____ portarlo fuori perché pioveva... e sai che non gli piace!

2. Perché non sei andata a trovare la nonna?
   Non ci _____ andare perché c'era lo sciopero degli autobus.

3. Perché non hai chiamato Alessandro?
   Non _____ chiamarlo perché sono arrabbiata con lui.

4. Perché non sei andata in palestra?
   Non _____ uscire perché _____ studiare.

12 Curriculum Vitae

Leggi le informazioni qui sotto e scrivi la lettera di accompagnamento del curriculum di Clara. Usa i verbi della lista.

Clara Loiacono vive e lavora in Spagna dal 2017, ma ora vuole tornare in Italia. Per questo sta cercando lavoro. Ha letto online l'annuncio di un'agenzia di viaggi di Roma che cerca un responsabile per l'area del Mediterraneo.

CURRICULUM VITAE

Nome e Cognome: Clara Loiacono
Luogo e data di nascita: Salerno, 15 marzo 1990
Residenza: Madrid, dal 2017

Studi:
- 2009 - Diploma di maturità presso l'Istituto Tecnico per il Turismo "Iannuzzi" di Salerno
- 2014 - Laurea in Lingue e Letterature Straniere Moderne presso l'Istituto Universitario di Lingue Orientali di Napoli
- 2015 - Corso di lingua inglese (livello C1) presso la University City di Londra
- 2016 - Corso online di informatica e certificazione internazionale delle competenze digitali

Esperienze di lavoro:
- 2015 - Stage all'agenzia di viaggi "Holiday Dreams" - Londra
- 2016 - Hostess di terra all'aeroporto di Milano Malpensa
- 2016 - Responsabile dei servizi aeroportuali di Milano Malpensa
- 2017 - Trasferimento a Madrid per la gestione di un'agenzia di viaggi

---

diplomarsi   laurearsi   seguire   frequentare   ottenere   fare   lavorare   essere   trasferirsi

---

Egregio Dott. Mancini,

sottopongo alla Sua attenzione la mia candidatura, in risposta all'annuncio pubblicato sul sito dell'agenzia Superviaggi.

Come può vedere dal mio CV, mi sono diplomata...

L'imperfetto

Forme regolari

	ABITARE	AVERE	APRIRE
io	abit-avo	av-evo	apr-ivo
tu	abit-avi	av-evi	apr-ivi
lui/lei/Lei	abit-ava	av-eva	apr-iva
noi	abit-avamo	av-evamo	apr-ivamo
voi	abit-avate	av-evate	apr-ivate
loro	abit-avano	av-evano	apr-ivano

Forme irregolari

ESSERE	FARE	DIRE	BERE
ero	facevo	dicevo	bevevo
eri	facevi	dicevi	bevevi
era	faceva	diceva	beveva
eravamo	facevamo	dicevamo	bevevamo
eravate	facevate	dicevate	bevevate
erano	facevano	dicevano	bevevano

Uso dell'imperfetto

L'imperfetto è un tempo del passato che si usa per:

- *descrivere persone, animali, oggetti, luoghi e situazioni;*

    > Mia nonna **si chiamava** Tina: **era** affettuosa e **aveva** molta pazienza con noi.
    >
    > Domenica scorsa **faceva** molto caldo e **c'erano** troppe persone in spiaggia.

- *raccontare azioni abituali;*

    > Quando abitavamo a Verona, non **usavamo** mai la macchina: **preferivamo** la bicicletta.

- *parlare di azioni che si svolgono nello stesso momento e hanno la stessa durata;*

    > Mentre io lavoravo al computer, Silvia **leggeva** in terrazzo.

- *descrivere stati fisici e psicologici.*

    > Alla fine della giornata **eravamo** stanchi ma felici.

Per gli usi dell'imperfetto in combinazione con il passato prossimo vedi il capitolo 4 a pag. 32.

Esercizi

1 Ricordi

a. Sottolinea i verbi all'imperfetto.

Quando io e Riccardo <u>abitavamo</u> a Genova avevamo una bellissima casa che dava sul porto. Era piccola, ma molto carina e accogliente. Quello che ci piaceva di più era il panorama: quando la mattina aprivamo la finestra e vedevamo il mare, ci sentivamo felici. In primavera e in estate, dopo il lavoro, prendevamo l'aperitivo sul terrazzo di casa e guardavamo il tramonto.

b. Ora riscrivi il testo usando la 1ª persona singolare (io).

Quando io abitavo a Genova.....

2 L'anno prossimo... vacanze separate!

Gianna e Umberto, sposati da 15 anni, sono appena tornati da una vacanza in Sardegna. Completa i loro commenti con i verbi della lista. Attenzione: i verbi non sono in ordine e ce ne sono due in più!

bisognava   rimanevo   era   riuscivamo   potevo   c'erano   faceva   mi annoiavo   stava

Gianna dice:
Il posto _____ troppo turistico.
_____ così tante persone che in spiaggia noi non _____ a stare tranquilli. E così io _____ tutto il giorno sul terrazzo dell'albergo e _____.
_____ così caldo che non _____ stare al sole.
Per non parlare della sera! _____ fare la fila per entrare in ristoranti carissimi...
Una vacanza orribile!!!

chiacchieravo   mangiavamo   eravamo   facevo   c'erano   piaceva   prendevo   spendevamo   passavo   c'era   era

Umberto dice:
_____ in una bellissima località alla moda.
_____ tanta gente simpatica e ogni giorno _____ con persone diverse.
Io _____ tutto il giorno in spiaggia, _____ il sole e _____ il bagno con gli amici.
Il tempo _____ bellissimo.
La sera, poi, mi _____ andare nei ristoranti più famosi... è vero, _____ un po' di più ma _____ così bene!
Una vacanza favolosa!!!

(Pat Carra in *Donna Moderna*)

3 L'imperfetto

L'imperfetto

3 Un extraterrestre ci guarda...
Completa il testo con i verbi all'imperfetto. I verbi della lista sono in ordine.

> *esserci avere portare fare correre prendere esserci suonare guardare gridare tirare essere arrabbiarsi fischiare*

Un extraterrestre in visita sulla Terra ha visto qualcosa di molto strano. Ecco come lo racconta in un messaggio che scrive agli altri abitanti del suo pianeta.

Ieri sera sono andato in un posto all'aperto molto tipico della Terra e ho visto cose che non potete neanche immaginare... In un rettangolo verde con delle righe bianche _____ 22 esseri umani di sesso maschile divisi in due gruppi di undici persone che loro chiamano "squadre". La prima squadra _____ una maglia blu e nera e l'altra una maglia rossa e nera. Tutti _____ dei pantaloni corti anche se _____ freddo. _____ dietro a una palla e la _____ a calci. In mezzo a loro _____ anche un uomo che _____ uno strano strumento. Intorno al rettangolo almeno 60.000 persone _____ e _____. Ogni tanto gli uomini nel rettangolo verde _____ la palla in una porta. In quel momento 30.000 persone _____ contente e le altre 30.000 _____ e _____. I terrestri sono proprio strani!

Che cosa ha visto l'extraterrestre? _____

4 Sembra ieri
Leggi questo testo sulle abitudini degli italiani fra gli anni Trenta e gli anni Cinquanta e poi trasformalo all'imperfetto.

I miei genitori, la sera, quando escono da una stanza per entrare in un'altra, spengono la luce e, comunque, non accendono mai più di una lampadina per volta. Al ristorante andiamo se c'è un matrimonio o un'occasione importante. Il pollo lo mangiamo quando siamo malati o quando è malato il pollo. Molti tengono una gallina in casa per avere l'uovo fresco ogni mattina. L'ascensore è a pagamento: bisogna mettere una monetina in una macchinetta per farlo funzionare. Il "cellulare" non è un telefonino ma un furgone della polizia. La parola "weekend" non esiste, così come non esistono i viaggi all'estero. Gli unici a partire per l'America sono gli emigranti, e fanno il biglietto di sola andata. C'è solo un televisore per ogni palazzo e solo nei quartieri eleganti. Il programma di maggiore ascolto si chiama "Lascia o raddoppia?" con Mike Bongiorno. Andiamo a vederlo in casa di un amico fortunato che ha il televisore e ci portiamo la sedia, perché non ci sono sedie per tutti. Insomma, siamo felici.

(adattato da Luciano De Crescenzo, *Sembra ieri*)

5 I Romani a tavola
Completa il testo con i verbi all'imperfetto.

Nell'antica Roma il pasto principale _____ (essere) la cena: i Romani _____ (mettersi) a tavola dopo il bagno alle terme e _____ (continuare) a mangiare fino a tardi. Nelle case dei ricchi, nella sala da pranzo non _____ (esserci) sedie ma tre letti intorno al tavolo, sui quali le persone _____ (sdraiarsi) per mangiare. _____ (stare) sempre di lato, _____ (tenere) con la mano sinistra il piatto e con la destra _____ (prendere) il cibo: non _____ (usare) né la forchetta né il coltello perché uno schiavo _____ (tagliare) carni e verdure prima di servirle. La cena _____ (cominciare) con l'antipasto - "gustatio" -, poi c'era il pasto vero e proprio, che _____ (avere) tre portate. _____ (loro - finire) con il dessert - "secundae mensae" - a base di frutta fresca e secca, dolci e formaggi. Mentre _____ (cenare), i Romani _____ (gettare) sul pavimento lische di pesce, ossa, bucce di frutta: alla fine della cena gli "scoparii" _____ (pulire) tutto.
I grandi banchetti duravano molte ore: mentre _____ (mangiare) e _____ (bere), i Romani _____ (chiacchierare) e _____ (divertirsi).

(adattato da *ispsiaberlinguer.it*)

6 Rifletti sulla lingua
**A che cosa serve l'imperfetto? Segna con una X quali funzioni esprime in ogni esercizio.
Ci possono essere più funzioni nello stesso testo.**

	descrivere persone, animali, oggetti, luoghi e situazioni	raccontare azioni abituali	parlare di azioni che si svolgono nello stesso momento e hanno la stessa durata	descrivere stati fisici e psicologici
Ricordi				
L'anno prossimo… vacanze separate!				
Un extraterrestre ci guarda…				
Sembra ieri				
I Romani a tavola				

Il passato prossimo e l'imperfetto

Il passato prossimo e l'imperfetto sono due tempi verbali che si usano in modo diverso per parlare di azioni al passato.

Passato prossimo	Imperfetto
• per raccontare un'esperienza passata e conclusa che è avvenuta una o più volte, ma non in modo abituale: Ieri **ho lavorato** fino alle 6. Mercoledì scorso **sono andato** al cinema. **Sono andato** all'isola d'Elba tre volte: nel 2014, nel 2019 e l'anno scorso.	• per raccontare un'esperienza abituale del passato: In quel periodo **lavoravo** fino alle 6. *(abitudine)* Quando ero studente, **andavo** al cinema ogni mercoledì *(abitudine)*. Da bambino **andavo** in vacanza all'isola d'Elba *(abitudine)*.

PASSATO PROSSIMO - PASSATO PROSSIMO	IMPERFETTO - IMPERFETTO	IMPERFETTO - PASSATO PROSSIMO
• *per raccontare azioni successe una dopo l'altra:*	• *per descrivere azioni che si sono svolte in modo parallelo:*	• *per raccontare un'azione che si inserisce in un'altra iniziata prima. L'azione che è iniziata prima rappresenta la* **situazione** *(il contesto in cui il fatto accade) e va all'***imperfetto***. L'azione che si inserisce rappresenta il* **fatto** *(quello che è successo) e va al* **passato prossimo***.*
Ieri prima **ho stirato** e poi **ho guardato** la TV.	Mentre **stiravo**, **guardavo** la TV.	Mentre **stiravo**, **è suonato** il telefono.

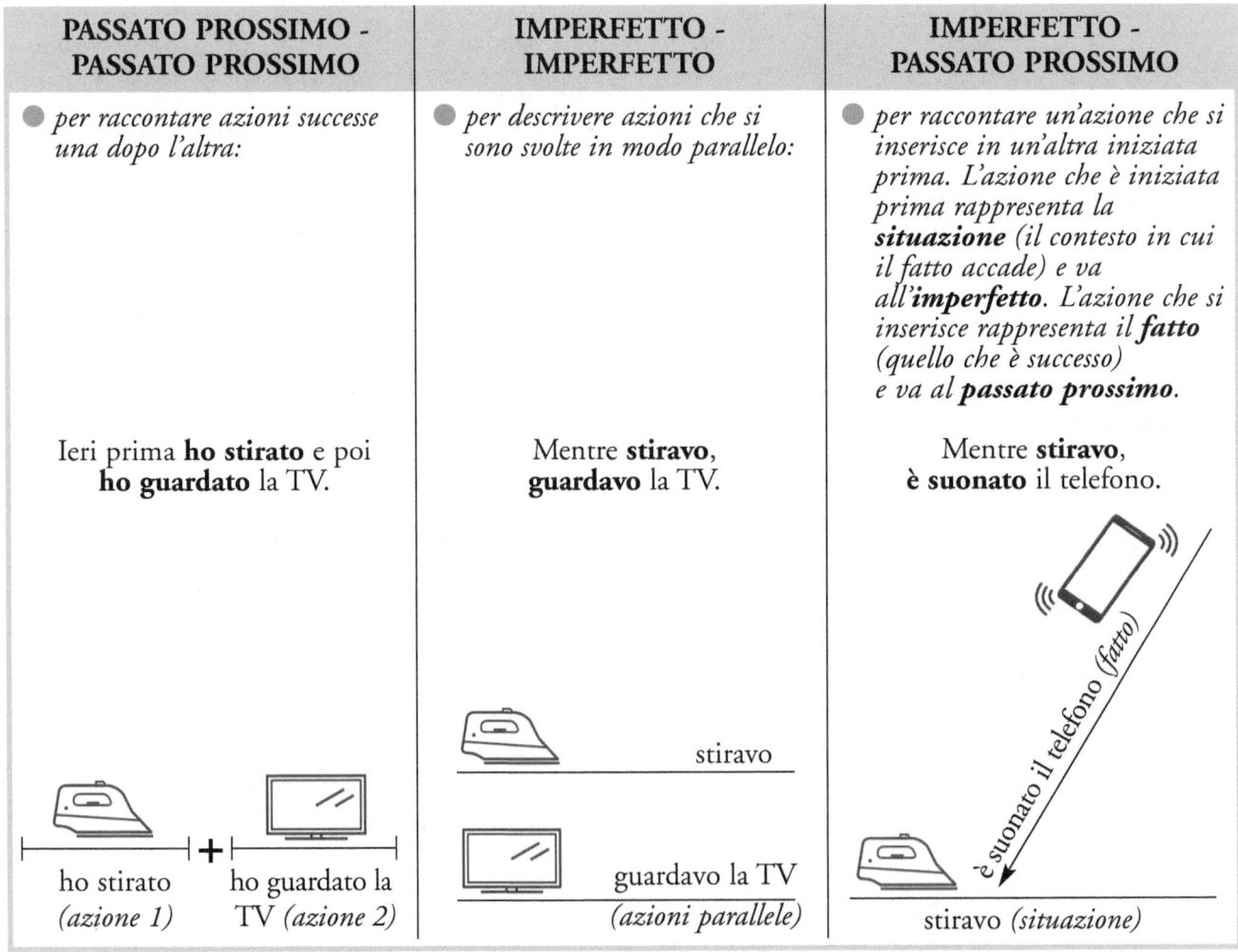

- *Il passato prossimo e l'imperfetto si trovano spesso in frasi con i seguenti connettivi:* **mentre, e, perché, siccome, e quindi, così, allora.**

> **Siccome** avevo mal di testa, ho preso un'aspirina.
>
> Non ho sentito il telefono **perché** dormivo.
>
> Faceva feddo **e quindi** ho acceso il riscaldamento.

- *I verbi* **conoscere** *e* **sapere** *hanno significati diversi a seconda del tempo verbale usato. Con l'imperfetto indicano una situazione di cui non si conosce l'inizio; con il passato prossimo, invece, indicano un'azione puntuale, conclusa, nel passato.*

> Non volevo andare alla festa perché non **conoscevo** nessuno; invece, appena sono arrivato, **ho conosciuto** molte persone simpatiche.
>
> **Sapevo** che non stava bene, ma quando **ho saputo** che era all'ospedale mi sono preoccupato.

I verbi **volere, dovere, potere** *hanno funzioni diverse che dipendono dal tempo verbale usato.*

Con l'imperfetto indicano l'intenzione di fare qualcosa che poi può essersi realizzato o no:

Potevo
Volevo } fare una settimana di vacanza
Dovevo
(intenzione)

→ e **sono andato** a Favignana.
(intenzione realizzata)

→ ma **avevo** troppo lavoro da fare.
(intenzione non realizzata)

Con il passato prossimo indicano un'azione che si è sicuramente realizzata:

Ho potuto
Ho voluto } fare una settimana di vacanza → e **sono andato** a Favignana.
Ho dovuto

Esercizi

Il passato prossimo e l'imperfetto

1 Una storia come tante
Scegli il tempo verbale corretto.

Marilena, che è argentina e abita in un piccolo paese vicino a Brescia, racconta la sua storia.
"La nostra vita in Italia era iniziata malissimo. Mio marito è ingegnere ed era stato chiamato qui a Brescia per un posto di lavoro. *Siamo venuti / Venivamo* qui insieme ai nostri bambini Carlos e Pablo, ma nel frattempo l'azienda che *ha dovuto / doveva* dargli l'impiego è fallita. *Abbiamo vissuto / Vivevamo* malissimo per un anno. Finalmente lui *ha trovato / trovava* un posto come camionista e io *ho cominciato / cominciavo* a lavorare in una fabbrica. I bambini *hanno imparato / imparavano* bene l'italiano perché ogni giorno *sono andati / andavano* alla scuola materna e *hanno avuto / avevano* molti amici. Mio marito, però, *è stato / era* sempre lontano, io *sono ritornata / ritornavo* a casa la sera tardi e così non *siamo potuti / potevamo* mai stare con Carlos e Pablo. *Ho saputo / Sapevo* che per loro *è stato / era* importante avere i genitori vicini e così *ho deciso / decidevo* di lasciare la fabbrica. *Ho cercato / Cercavo* un'occupazione meno impegnativa per avere più tempo per i miei figli. *Ho trovato / Trovavo* lavoro come cameriera in un albergo: inizio presto la mattina e finisco nel primo pomeriggio, così posso passare più tempo con i miei bambini. Abbiamo meno soldi ma siamo tutti più felici."

2 Una vacanza in Toscana
Completa l'e-mail con i verbi al passato prossimo o all'imperfetto.

A: @daniela
Oggetto: Vacanze finite...

Cara Daniela,
è da un po' che non ci sentiamo. Io sto bene e sono appena rientrata da una bella vacanza al mare. Quest'anno io e Luca non _____ (avere) voglia di andare lontano, quindi _____ (noi - scegliere) Orbetello, in Toscana. _____ (noi - stare) lì per una settimana, in tenda, come piace a noi 😊. Il campeggio _____ (essere) molto vicino al mare e quindi la mattina _____ (noi - prendere) la bicicletta e _____ (andare) in spiaggia passando per una pineta meravigliosa. Io _____ (rimanere) in spiaggia fino alle 6 del pomeriggio, Luca, invece, a metà giornata _____ (mettersi) sotto un albero e _____ (fare) un pisolino. Ma _____ (fare) anche due gite, a Talamone e a Capalbio. A Capalbio _____ (cenare) in una trattoria tipica. E sai chi abbiamo incontrato? Mentre _____ (noi - essere) a tavola, _____ (io - notare) una coppia che mi sembrava di conoscere... e infatti _____ (essere) Laura e Lorenzo, i nostri ex compagni di liceo. Stanno ancora insieme! Nel 2019 _____ (loro - sposarsi) e l'anno scorso _____ (nascere) Bea, una bimba molto carina che somiglia a Lorenzo. _____ (noi - scambiarsi) i numeri perché vorremmo organizzare una cena a Roma tutti insieme, in settembre. Ovviamente, anche con te. Forse noi due riusciamo a vederci prima 😉, magari nel fine settimana per un aperitivo!
Un abbraccio,
Giulia

3 Fatti e situazioni
Osserva i disegni e scrivi delle frasi, come nell'esempio.

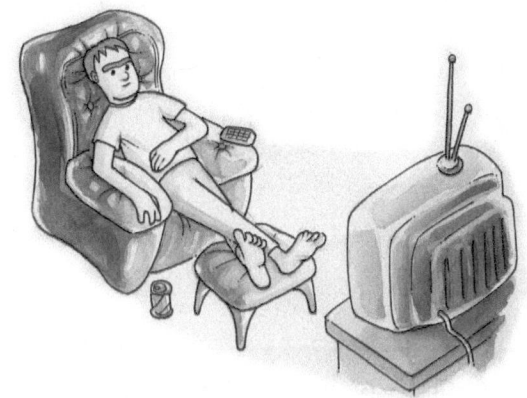

1. **Siccome** *(lui)* _aveva una valigia pesante, ha preso_ *(prendere)* un taxi.

2. **Mentre** *(io)* _____, _____ *(addormentarsi)*.

3. **Siccome** non _____, _____ *(loro - chiamare)* l'idraulico.

4. **Mentre** *(lei)* _____, _____ *(cadere)* e _____ *(farsi)* male a una spalla.

5. Matteo _____ la vacanza **perché** da tempo _____ *(volere)* fare un regalo a Lucrezia.

4 Un venerdì 17

Ieri Sara ha avuto una giornata terribile: questa è l'e-mail che scrive alla sua amica Sabina. Completa il testo con i verbi al passato prossimo o all'imperfetto.

Nuovo messaggio

A: @sabina
Oggetto: Venerdì 17

Cara Sabina,
come stai? Scusami se non ti _____ (rispondere) subito, ma ieri _____ (avere) una giornataccia e per tutto il giorno non _____ (potere) usare il computer. Senti che cosa mi _____ (succedere). Siccome _____ (dovere) essere in ufficio alle 8:30 per una riunione importante, _____ (alzarsi) presto. La giornata _____ (iniziare) subito male: mentre _____ (uscire) dalla doccia, _____ (scivolare) e _____ (battere) il gomito. Poi, mentre _____ (preparare) la colazione, il barattolo della marmellata _____ (cadere) e _____ (rompersi) in mille pezzi: _____ (esserci) marmellata ovunque! Siccome _____ (essere) in ritardo, _____ (prendere) la macchina per fare prima. _____ (esserci) un traffico tremendo ma, per fortuna, _____ (arrivare) in ufficio proprio mentre la riunione _____ (stare) cominciando. Nel pomeriggio _____ (dovere) preparare dei documenti urgenti ma il computer _____ (bloccarsi) e non _____ (potere) usarlo fino alle 5. E in più, per tutto il giorno _____ (noi - avere) problemi di connessione perché _____ (esserci) un guasto. E per finire, quando _____ (io - uscire) dall'ufficio, sulla macchina _____ (trovare) una multa per divieto di sosta. Insomma, una giornata veramente da dimenticare, proprio un venerdì 17.
Ci sentiamo presto per organizzare una cena, va bene?
Un bacione
Sara

> **Lo sapevi?**
> In Italia venerdì 17 è considerato un giorno molto sfortunato. L'origine di questa superstizione è legata alla religione cristiana. Venerdì è il giorno della morte di Gesù e 17 in numeri romani (XVII) è l'anagramma della parola latina VIXI che significa "ho vissuto" che, interpretato letteralmente, vuol dire "sono morto".

5 Rapina una banca con un'arma giocattolo

Questo articolo è diviso in 5 parti, date in disordine. Prima completa i testi con i verbi al passato prossimo o all'imperfetto e poi ricostruisci la storia. I verbi delle liste non sono in ordine.

avere   aprire   suonare   esserci   attraversare

1 Erano le 13.20 quando in una banca di Bergamo, oltre al direttore e ad alcuni impiegati, _____ solo una cliente. Il rapinatore, un uomo ben vestito che _____ con sé uno zainetto nero di pelle, _____ alla porta e dall'interno qualcuno gli _____. Lui _____ senza problemi il metal detector.

guardare   consegnare   prendere   puntare

☐ Il ladro allora _____ dalla tasca un coltellino e lo _____ contro la donna. Mentre gli altri impiegati _____ la scena paralizzati dalla paura, il cassiere gli _____ il denaro, poco più di 10.000 euro.

cercare   accorgersi   alzarsi   essere

☐ L'impiegato, però, _____ che la pistola _____ solo un'arma giocattolo e quindi _____ e _____ di reagire.

esserci   uscire   potere

☐ Quando il rapinatore _____ dalla banca, gli impiegati finalmente _____ chiamare la polizia, ma di lui non _____ più traccia: era sparito con i soldi fra le strade affollate della città.

dire   andare   sembrare   aspettare   puntare

☐ Lo sconosciuto, che _____ assolutamente calmo, _____ alla cassa dove la cliente _____ il suo turno, _____ la pistola alla schiena della donna e poi _____ al cassiere di dargli i soldi.

Il passato prossimo e l'imperfetto

6 Pappagallo cercasi
Scegli il tempo verbale corretto.

Un pappagallo è scappato di casa: *succedeva / è successo* cinque giorni fa a Milano.
I proprietari, il signor Mario e sua moglie Rosa, sono disperati. Il signor Mario ci parla di lui: "Si chiama Ugo, è verde ma non so di che razza sia. Per noi è come un terzo figlio. Era dei miei zii. Quando *morivano / sono morti*, io e mia moglie *abbiamo deciso / decidevamo* di prenderlo: da quel momento *abitava / ha abitato* sempre con noi, per sette anni. Non *parlava / ha parlato* molto, *ha saputo / sapeva* ripetere solo due parole: Ugo, il suo nome, e Rosa, il nome di mia moglie. Di solito in casa lo *lasciavamo / abbiamo lasciato* libero. Giovedì scorso, per un colpo d'aria, la finestra *si apriva / si è aperta* e lui *volava / è volato* via. Era impossibile non volergli bene: *si è messo / si metteva* sulla mia spalla e *mi dava / mi ha dato* i bacini."
Mario e Rosa sono decisi a ritrovare il loro pappagallo. Così *preparavano / hanno preparato* un cartello: "Lauta mancia a chi trova pappagallo", *facevano / hanno fatto* 200 fotocopie e le *mettevano / hanno messe* in tutta la zona. Finalmente, sabato *hanno ricevuto / ricevevano* qualche telefonata: due persone lo *vedevano / hanno visto* sopra l'autolavaggio di Viale Crispi e in Via Varese. Quindi deve essere ancora in zona: allora basta andare lì e urlare: "Ugooooo...."

7 L'orario dei miei desideri
Completa i testi con i verbi al passato prossimo o all'imperfetto. I verbi delle liste sono in ordine.

Come conciliare l'orario di lavoro con la famiglia? Due italiani raccontano la loro esperienza.

Gianluca Sorani, 40 anni, sposato, tre figli, direttore del personale del cinema Anteo di Milano.

> *cominciare   avere   vedersi   essere   passare   stare   avere*
> *decidere   diventare   volere   abbandonare   cambiare*

"Quando _____ a lavorare ero in sala tutte le sere, dalle 18 alla chiusura del cinema, tranne il lunedì. Mia moglie _____ un orario d'ufficio più regolare, ma _____ soltanto verso l'una di notte. I bambini _____ piccoli, _____ le loro giornate al nido e alla scuola materna e io con loro _____ pochissimo, dalle 16 alle 18. _____ quasi tutta la giornata libera ma nessuno con cui condividerla. E così, per tenermi impegnato, _____ di dedicarmi al canto. In poco tempo la musica _____ una grande passione a costo zero, tanto che _____ dedicarmi solo a quello. _____ questo progetto quando il mio orario di lavoro all'Anteo _____: adesso faccio 40 ore alla settimana durante il giorno e un week-end sì e uno no. Mi piace il mio lavoro, ma vorrei un mese in più di ferie, anche senza stipendio."

Anna Dondolini, sposata, due figli, commessa.

| nascere | dovere | costare | dovere | spendere | guadagnare |
| rimanere | andare | essere | piacere | avere | |

"Al lavoro è sempre andato tutto bene, fino a quando _____ i due gemelli, Petra e Davide, e _____ licenziarmi. L'asilo nido comunale _____ tantissimo e in più _____ pagare la baby-sitter. Ogni mese _____ tutto quello che _____ e così _____ a casa per tre anni, fino a quando i bimbi _____ alla scuola materna. Ma non _____ contenta perché non mi _____ dipendere da mio marito. Adesso che i bambini sono più grandi, ho ricominciato a lavorare a tempo pieno. L'ideale sarebbe lavorare solo la mattina con un contratto part-time. Ma finora purtroppo non _____ questa opportunità".

8 Rifletti sulla lingua
Leggi il testo e poi abbina ogni frase della colonna di sinistra con il rispettivo uso.

Ieri Michael ha iniziato un corso serale di italiano. **È entrato** in classe e **si è seduto** vicino ad una ragazza con i capelli rossi. Durante la lezione lei gli **ha sorriso** due o tre volte. Mentre l'insegnante **parlava**, Michael **si chiedeva**: "Ma dove l'ho già vista?" Alla fine della lezione lei gli ha detto ridendo: "2015... Brighton... **ci trovavamo** ogni sera al Roxy Pub..." E mentre la **ascoltava**, Michael improvvisamente **si è ricordato** del... suo primo amore!

FRASI	USI
Ieri Michael ha iniziato un corso serale di italiano.	
1. **È entrato** in classe e **si è seduto** vicino ad una ragazza con i capelli rossi.	a. raccontare un'esperienza abituale del passato
2. Durante la lezione lei gli **ha sorriso** due o tre volte.	b. descrivere azioni passate che si sono svolte in modo parallelo
3. Mentre l'insegnante **parlava**, Michael **si chiedeva**: "Ma dove l'ho già vista?"	c. raccontare azioni passate successe una dopo l'altra
4. Alla fine della lezione lei gli ha detto ridendo: "2015... Brighton... **ci trovavamo** ogni sera al Roxy Pub..."	d. raccontare un'esperienza passata e conclusa avvenuta una o più volte, ma non in modo abituale
5. E mentre la **ascoltava**, Michael improvvisamente **si è ricordato** del... suo primo amore!	e. raccontare un'azione che si inserisce in un'altra iniziata prima

Le forme riflessive

- Nelle forme riflessive il soggetto che fa l'azione è anche l'oggetto dell'azione stessa.

Io **mi** vesto. = Io vesto (chi?) → me.

- Le forme riflessive si costruiscono con i pronomi **mi, ti, si, ci, vi, si**. Questi pronomi concordano sempre con la persona espressa dal verbo.

- Come **vi vestite** per la festa?
- Noi **ci mettiamo** qualcosa di elegante, e voi?

- Nei tempi composti le forme riflessive vogliono sempre l'ausiliare **essere** e quindi il participio passato concorda con il soggetto.

Susanna **si è** alza**ta** presto e **si è** vesti**ta** in cinque minuti.

Pietro e Franco **si sono** diverti**ti** molto alla festa.

Sabina si veste

Sabina veste Anna

VEST-IR-**SI**				
	presente		passato prossimo	
io	mi	vesto	mi sono	vestit**o/a**
tu	ti	vesti	ti sei	vestit**o/a**
lui/lei/Lei	si	veste	si è	vestit**o/a**
noi	ci	vestiamo	ci siamo	vestit**i/e**
voi	vi	vestite	vi siete	vestit**i/e**
loro	si	vestono	si sono	vestit**i/e**

La posizione dei pronomi

- Generalmente il pronome va **prima** del verbo.

Di solito a che ora **ti** svegli la domenica?

- Con potere, volere, dovere, sapere, cominciare a, stare per + un verbo riflessivo all'infinito, il pronome può andare **prima** o **dopo** il nucleo verbale.

Marco **si** vuole sposare.
Marco vuole sposar**si**.

Mi sto per lavare le mani.
Sto per lavar**mi** le mani.

- È così anche con stare + gerundio.

Mi sto lavando le mani.
Sto lavando**mi** le mani.

- Con l'imperativo diretto singolare (tu) e plurale (noi/voi) i pronomi vanno sempre **dopo** il verbo.

Forza, Michela, è tardi: lava**ti** e vesti**ti**!
Forza, bambini, è tardi: lava**tevi** e vestite**vi**!

Vari tipi di forme riflessive

- *Forma riflessiva **propria**: il pronome ha la funzione di oggetto diretto e coincide con il soggetto;*

  Io **mi** vesto. = Io vesto *(chi?)* → me.

- *Forma riflessiva **apparente**: il pronome ha la funzione di oggetto indiretto e coincide con il soggetto. In questi casi l'oggetto diretto è sempre espresso;*

  Io **mi** lavo le mani. = Io lavo *(a chi?)* → a me stesso *(che cosa?)* → le mani.

- *Forma riflessiva **reciproca**: l'effetto dell'azione ricade su entrambi i soggetti. Queste forme si possono coniugare solo al plurale;*

  Cinzia e Claudio **si** salutano. = Cinzia saluta *(chi?)* → Claudio + Claudio saluta *(chi?)* → Cinzia.

- *Forma riflessiva "**d'affetto**": si usa quando si vuole intensificare il significato dell'azione espressa dal verbo.*

  Mi bevo una birra. = Bevo una birra. Ieri **ci** siamo visti un bel film. = Ieri abbiamo visto un bel film.

- *Forma **pronominale**: il pronome è parte del verbo e non ha un valore riflessivo.*

  Io non **mi** arrabbio spesso. (*Non significa* "Io arrabbio me").

Esercizi

1 *Gina, la regina*
Completa il testo con i pronomi riflessivi.

Miao, _____ presento: sono Gina, la gatta di casa. _____ trovo bene con i miei padroni. Sono molto abitudinaria: appena _____ sveglio, la mattina, vado sul loro letto e quando loro _____ alzano, andiamo insieme in cucina e _____ sediamo a tavola. Dalla mia sedia li guardo come per dire: "_____ siete dimenticati di me?". Quando finalmente la mia padrona _____ ricorda di darmi da mangiare, sono felice. Dopo la colazione _____ prepariamo per la giornata: anch'io _____ lavo proprio mentre loro _____ vestono per uscire. Se sono da sola, _____ sento la regina della casa: _____ diverto a giocare con la pallina e, quando _____ stanco, salto sul divano e _____ addormento subito.

Le forme riflessive

5

2 *Riflessivi o no?*
a. Completa le frasi con i verbi al presente.

1. Daniela _____ *(lavare)* le finestre.

2. Daniela _____ *(lavarsi)* le mani.

3. Il macellaio _____ *(tagliare)* la carne

4. Il macellaio _____ *(tagliarsi)* con il coltello.

5. Michela _____ *(pettinare)* sua figlia.

6. Michela _____ *(pettinarsi)*.

7. I bambini _____ *(sporcare)* il tappeto.

8. I bambini _____ *(sporcarsi)* con il gelato.

9. Francesco _____ *(allenare)* la sua squadra.

10. Francesco _____ *(allenarsi)*.
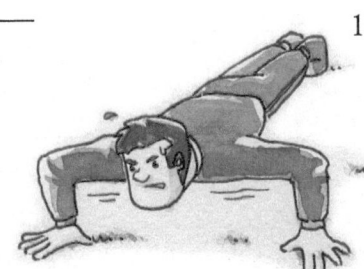

b. Ora trasforma le stesse frasi al passato.

3 Ti diverti o ti annoi?
Completa le frasi con il verbo riflessivo. I verbi della lista non sono in ordine.

annoiarsi   arrabbiarsi   dimenticarsi   divertirsi   rilassarsi   vergognarsi

a. Non voglio parlare davanti a tante persone: sono timida e _____.
b. Tiziana non va mai a teatro perché _____. Preferisce il cinema.
c. Quando fanno yoga, Giorgia e Luca _____ molto.
d. Sei distratto: _____ sempre di tutto!
e. Io e Bea non _____ alle feste in discoteca perché non ci piace ballare.
f. Siete nervosi e _____ troppo spesso! State tranquilli!

4 Margherita
Completa il testo con i verbi riflessivi al presente e poi metti in ordine cronologico i paragrafi della storia. Quando hai finito, prova a rispondere alla domanda.

☐ Dopo che si è vestita, va in cucina e _____ (*prepararsi*) un bel caffè.

☐ Quando esce dal bagno, va in camera e _____ (*mettersi*) i jeans e una camicia bianca, anche se tutti i suoi colleghi _____ (*vestirsi*) in modo formale.

1 Margherita _____ (*svegliarsi*) alle sette, ma _____ (*alzarsi*) mezz'ora dopo perché le piace ascoltare un po' di musica a letto.

☐ Poi arriva suo fratello Paolo: tutti e due _____ (*sedersi*) a tavola e fanno colazione con latte e biscotti, ma non _____ (*parlarsi*) perché hanno ancora sonno.

☐ Prima di uscire, Margherita _____ (*lavarsi*) i denti e _____ (*pettinarsi*). Non _____ (*truccarsi*) quasi mai: le piace avere un look naturale.

☐ Come prima cosa, _____ (*farsi*) una bella doccia con tanta schiuma da bagno alla rosa.

Quale di queste espressioni si usa per descrivere una donna che non si trucca e ha un aspetto semplice e naturale?

a) acqua e natura   ☐
b) acqua e rose   ☐
c) acqua e sapone   ☐

5 Amore tra i libri

Completa il testo con i verbi riflessivi al presente o al passato prossimo. I verbi della lista non sono in ordine. Dopo aver fatto l'esercizio, rispondi alle domande dello schema.

vedersi   conoscersi   sposarsi   sorridersi   volersi bene   scambiarsi   guardarsi

Anna e Domenico _____ vent'anni fa nella biblioteca dell'università. "Quel giorno"- racconta Anna -"io dovevo dare un esame e stavo ripassando un manuale su Garibaldi e la formazione del Regno d'Italia. Domenico, invece, stava studiando un testo sulle strategie di marketing. _____, _____ e abbiamo cominciato a parlare. Dopo l'esame abbiamo fatto un giro in centro e lui mi ha offerto l'aperitivo in un bar vicino al Teatro alla Scala. Lì _____ il numero di telefono e la nostra storia è cominciata così".

Anna e Domenico _____ tre anni dopo. Ora hanno un bellissimo bambino, Edoardo, e un lavoro di grande soddisfazione. Lei insegna all'università "Ca' Foscari" e va al lavoro passando per i canali su un vaporetto pieno di turisti. Lui, invece, è docente all'università "Bocconi" e al lavoro ci va in metropolitana. Purtroppo _____ poco perché lavorano in due città diverse: è una vita abbastanza faticosa, ma quando due persone _____ ogni cosa sembra più facile.

	Anna	Domenico
In quale città hanno studiato?		
In quale città lavorano adesso?		

6 Rifletti sulla lingua

Segna con una X quali tipi di forme riflessive sono presenti in ogni esercizio. Ci possono essere più forme all'interno dello stesso testo.

	riflessivi normali	riflessivi apparenti	riflessivi reciproci	riflessivi d'affetto	forme pronominali
Gina, la regina					
Riflessivi o no?					
Ti diverti o ti annoi?					
Margherita					
Amore tra i libri					

Il trapassato prossimo

Formazione del trapassato prossimo

- Il trapassato prossimo è un tempo composto. Si forma con l'imperfetto di **avere** o **essere** + il *participio passato* del verbo.

Che bella la Sardegna! Ci **ero** già **stato** ma non l'**avevo visitata** bene.

	VISITARE		RICEVERE		PARTIRE	
io	avevo	visitato	avevo	ricevuto	ero	partito/a
tu	avevi	visitato	avevi	ricevuto	eri	partito/a
lui/lei/Lei	aveva	visitato	aveva	ricevuto	era	partito/a
noi	avevamo	visitato	avevamo	ricevuto	eravamo	partiti/e
voi	avevate	visitato	avevate	ricevuto	eravate	partiti/e
loro	avevano	visitato	avevano	ricevuto	erano	partiti/e

Uso del trapassato prossimo

- Il trapassato prossimo indica un'azione del passato accaduta **prima** di un'altra sempre nel passato.

Ero stanco *(in un momento passato)* perché **avevo lavorato** molto *(prima di quel momento del passato)*.

Il trapassato prossimo si trova:

- in frasi subordinate;

Siccome **avevo dimenticato** a casa il cellulare, non ho potuto telefonarti.

Ieri sera ho letto il libro che mi **avevi consigliato** il mese scorso.

Ho incontrato Stefania subito dopo che tu mi **avevi parlato** di lei.

- in frasi indipendenti.

Ieri sono stato alla Galleria degli Uffizi: non ci **ero** mai **stato** prima e mi è piaciuta moltissimo.

- Perché non prendi il treno, invece di venire in macchina? Così eviti il traffico...
- È vero, non ci **avevo pensato**!

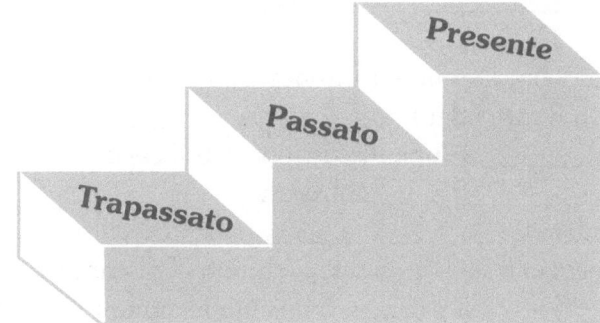

Esercizi

1) Problemi di lavoro
Leggi questo messaggio e-mail che Roberto ha scritto ad un suo collega e dividi i verbi in ordine cronologico, scrivendoli nella tabella, come nell'esempio.

traccia 06

Nuovo messaggio

Mercoledì, 19 dicembre
Ciao, <u>sono</u> veramente arrabbiato perché ho avuto un'altra discussione con il capo. Ieri gli ho fatto vedere il progetto di cui avevamo parlato lunedì. Mi ha detto che non andava bene perché non avevo considerato alcuni aspetti, secondo lui molto importanti. Ha anche aggiunto che i clienti si erano lamentati perché non avevano ancora ricevuto i documenti che gli avevamo promesso. Quando gli ho detto che io li avevo inviati il giorno prima, mi ha risposto che avevo aspettato troppo. Insomma, non gli va mai bene niente! Scusami per lo sfogo, ma non lo sopporto più.
Ciao, Roberto

TRAPASSATO	PASSATO	PRESENTE
Lunedì 17 dicembre "PRIMA DI PRIMA"	Martedì 18 dicembre "PRIMA DI ADESSO"	Mercoledì 19 dicembre "ADESSO"
		sono

2) Cose che capitano
Completa le frasi con il trapassato prossimo.

a. Avevate mal di pancia perché _____ troppe ciliegie.
b. Sono andata dai carabinieri perché mi _____ la borsa con i documenti.
c. Ho rotto il vaso che _____ a Volterra.
d. Siccome _____ il portafoglio, non ho potuto pagare il conto.
e. Quando sono arrivata all'appuntamento il mio fidanzato _____ già _____ via.
f. Roberto era nervoso perché _____ una discussione con il capo.
g. Non hai passato l'esame perché non _____ abbastanza.
h. Giulia era arrabbiata perché il parrucchiere le _____ male i capelli.
i. Siccome _____ senza benzina, sono andati a piedi fino al distributore.
l. La signora Luisa _____ appena _____ il pavimento quando i bambini sono entrati con le scarpe sporche.

mangiare
rubare
comprare
dimenticare
andare
avere
studiare
tagliare
rimanere
lavare

3 Trapassato... colorato
Ecco alcune espressioni idiomatiche con i colori. Completa le frasi con i verbi al trapassato prossimo. I verbi della lista non sono in ordine.

| spendere innamorarsi prendere arrivare litigare essere passare accorgersi vedere |

a. Eravamo bianchi per la paura perché _____ appena _____ una rapina.
b. I miei amici erano arrabbiati neri perché i loro bagagli non _____ all'aeroporto.
c. In quel periodo vedevo tutto rosa perché _____.
d. Luca era giallo come un limone perché _____ in ospedale per due settimane.
e. Claudia era rossa come un pomodoro perché _____ di aver fatto una figuraccia.
f. Avevo il conto in rosso perché _____ troppi soldi per comprare la macchina nuova.
g. Daniela e Donato erano nerissimi perché _____ tanto sole durante le vacanze.
h. Franco era la pecora nera della famiglia perché _____ con tutti i parenti.
i. Eravamo rossi come gamberi perché _____ tutto il giorno in spiaggia sotto il sole.

4 Ladro restituisce il bottino
Completa l'articolo con i verbi al passato prossimo, all'imperfetto o al trapassato prossimo.

MILANO – È successo l'altro ieri, poco prima di mezzogiorno. Pietro L., 54 anni, è andato alla Banca Popolare di Milano. Dopo essere uscito dalla banca, l'uomo _____ (salire) in macchina e _____ (mettere) i soldi che _____ (ritirare) in una borsa. Improvvisamente _____ (sentire) un gran rumore che _____ (venire) da dietro la macchina. _____ (lui - girarsi) e _____ (vedere) un anziano signore che _____ (cadere) a terra e _____ (gridare) per il dolore.
Mentre Pietro L. lo _____ (aiutare) ad alzarsi, un secondo uomo _____ (salire) in macchina e _____ (prendere) la borsa con i soldi. Ma il signor Pietro _____ (accorgersi) che i due _____ (essere) dei ladri e che lo _____ appena _____ (derubare). Ne _____ (bloccare) subito uno ma... sorpresa! La borsa era ricomparsa, intatta, al suo posto. Che cosa (succedere) _____? Semplice: il secondo ladro, un attimo prima, la _____ (rimettere) nella macchina per aiutare il suo amico in difficoltà.

Il trapassato prossimo

5 Una vacanza sfortunata
Questa è l'e-mail di protesta che un gruppo di turisti sfortunati ha scritto al direttore dell'agenzia che aveva organizzato il viaggio. Leggila e scegli il tempo verbale corretto.

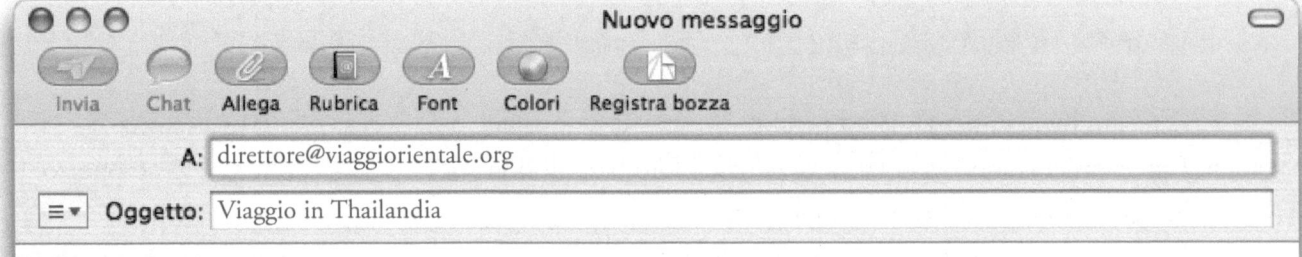

Egregio Direttore,
siamo appena ritornati da un viaggio in Thailandia organizzato dal Vostro tour-operator lo scorso mese di dicembre. Il programma *comprendeva / aveva compreso* un soggiorno di due settimane a Phuket e qualche giorno a Bangkok. Purtroppo, però, la vacanza non *è andata / era andata* come programmato. I problemi *erano iniziati / sono iniziati* subito: quando siamo arrivati all'albergo, *ci siamo accorti / ci eravamo accorti* che non era vicino alla spiaggia come ci *dicevate / avevate detto* al momento della prenotazione. Infatti, per andare al mare, ogni giorno *dovevamo / avevamo dovuto* prendere un piccolo autobus che *passava / era passato* solo a orari prestabiliti e fare un viaggio di mezz'ora. Un altro fatto veramente spiacevole *era successo / è successo* la sera dell'ultimo dell'anno: dall'Italia *avevamo* già *pagato / abbiamo* già *pagato* il cenone di Capodanno, ma all'albergo *abbiamo mangiato / avevamo mangiato* pochissimo e molto male. Inoltre, la birra e il vino erano caldi e da pagare come extra. Quando *abbiamo chiesto / avevamo chiesto* spiegazioni, il direttore del Vostro albergo a Phuket *era stato / è stato* molto maleducato e ci *ha risposto / aveva risposto* che non era colpa sua se in tutta l'isola non *c'era / c'era stata* l'elettricità per due giorni. Secondo lui, quel guasto *aveva bloccato / bloccava* tutto il lavoro del ristorante, che non *poteva / aveva potuto* preparare il cenone per noi. Poche ore più tardi *abbiamo scoperto / avevamo scoperto* che *toglievano / avevano tolto* l'elettricità solo al nostro albergo perché non *aveva pagato / ha pagato* la bolletta. La cosa peggiore, però, *è stata / era stata* la completa inefficienza del Vostro corrispondente: dopo la prima accoglienza in aeroporto, *è sparito / era sparito* e per tutta la durata del soggiorno non *eravamo* più *riusciti / siamo* più *riusciti* a parlare con lui.
Non *abbiamo* mai *visto / avevamo* mai *visto* la Thailandia e speravamo di fare una vacanza da sogno. In realtà il nostro soggiorno si è trasformato in un incubo del quale Vi riteniamo responsabili. Chiediamo quindi il rimborso del 50% del viaggio o saremo costretti a procedere per vie legali.
Distinti saluti,
G.V.T.

6 Ridendo con... il trapassato prossimo

(da *La Settimana Enigmistica*)

- Ieri sono sceso al piano sbagliato e ho lavorato per tutto il giorno per una ditta che non avevo mai sentito nominare.

Il futuro semplice

Forme regolari

*I verbi che finiscono in **-are** ed **-ere** hanno le stesse desinenze:*

arriv**are** ➡ arriv**erò**   conosc**ere** ➡ conosc**erò**

	ARRIV**ARE**	CONOSC**ERE**	PART**IRE**
io	arriver-**ò**	conoscer-**ò**	partir-**ò**
tu	arriver-**ai**	conoscer-**ai**	partir-**ai**
lui/lei/Lei	arriver-**à**	conoscer-**à**	partir-**à**
noi	arriver-**emo**	conoscer-**emo**	partir-**emo**
voi	arriver-**ete**	conoscer-**ete**	partir-**ete**
loro	arriver-**anno**	conoscer-**anno**	partir-**anno**

*I verbi che finiscono in **-care** e **-gare** prendono una **h** in tutte le persone.*
*I verbi che finiscono in **-ciare** e **-giare** perdono la **i** in tutte le persone.*

PAGARE	COMINCIARE
pag**h**erò	comincerò
pag**h**erai	comincerai
pag**h**erà	comincerà
pag**h**eremo	cominceremo
pag**h**erete	comincerete
pag**h**eranno	cominceranno

Forme irregolari

ESSERE	DARE	FARE	STARE
sarò	darò	farò	starò
sarai	darai	farai	starai
sarà	darà	farà	starà
saremo	daremo	faremo	staremo
sarete	darete	farete	starete
saranno	daranno	faranno	staranno

Le altre forme irregolari possono essere divise in due gruppi.

Gruppo 1

ANDARE ANDA~~RE~~ **ANDR-**	AVERE AV~~E~~RE **AVR-**	POTERE POT~~E~~RE **POTR-**	DOVERE DOV~~E~~RE **DOVR-**	SAPERE SAP~~E~~RE **SAPR-**
andrò	avrò	potrò	dovrò	saprò
andrai	avrai	potrai	dovrai	saprai
andrà	avrà	potrà	dovrà	saprà
andremo	avremo	potremo	dovremo	sapremo
andrete	avrete	potrete	dovrete	saprete
andranno	avranno	potranno	dovranno	sapranno

VEDERE VED~~E~~RE **VEDR-**	CADERE CAD~~E~~RE **CADR-**	VIVERE VIV~~E~~RE **VIVR-**
vedrò	cadrò	vivrò
vedrai	cadrai	vivrai
vedrà	cadrà	vivrà
vedremo	cadremo	vivremo
vedrete	cadrete	vivrete
vedranno	cadranno	vivranno

Gruppo 2

VENIRE VE~~NI~~RE **VERR-**	RIMANERE RIMAN~~E~~RE **RIMARR-**	TENERE TEN~~E~~RE **TERR-**	VOLERE VOL~~E~~RE **VORR-**	BERE BE~~R~~E **BERR-**
verrò	rimarrò	terrò	vorrò	berrò
verrai	rimarrai	terrai	vorrai	berrai
verrà	rimarrà	terrà	vorrà	berrà
verremo	rimarremo	terremo	vorremo	berremo
verrete	rimarrete	terrete	vorrete	berrete
verranno	rimarranno	terranno	vorranno	berranno

Uso del futuro

Il futuro si usa per:

- parlare di azioni future;

  Domani **arriveranno** i miei amici francesi.

- parlare di progetti;

  L'anno prossimo **mi iscriverò** all'università.

- fare annunci;

  Il treno delle ore 10:30 per Firenze **partirà** dal binario 10.

- fare promesse;

  Non preoccuparti: ti **aiuterò** io a finire questo lavoro!

- fare previsioni;

  Tra qualche anno in città, per evitare il traffico, **potremo** muoverci con mezzi di trasporto pubblici volanti.

  I nati sotto il segno del Leone **avranno** fortuna in amore.

- esprimere dubbi e fare supposizioni.

  - Dove **sarà** Marta?
  - Boh, non l'ho vista, **sarà** ancora in riunione.

Esercizi

1) Progetti
Un gruppo di compagni di scuola scrive sulla chat della classe. Completa i testi con i verbi al futuro, scegliendo fra quelli della lista.

sentire   affittare   aiutare   aprire   assumere   cercare   andare   dare   tornare   stare   fare   iniziare   organizzare   viaggiare   partire   prendere   riparare   potere   dimenticare

Gruppo 5B

Flavia
Ragazzi, ma voi cosa farete adesso che siamo maggiorenni e abbiamo finito la scuola?

Luca
Io non _____ all'università. Ho risparmiato un po' di soldi: _____ il più possibile insieme al mio cane. *(Noi)* _____ il treno e _____ di visitare tutta l'Europa.

Maurizio
Io _____ a lavorare subito. Alcuni miei amici mi _____ nella loro officina: *(io)* _____ moto e scooter. L'ho sempre fatto come hobby, perché i motori sono la mia passione. Ora i motori mi _____ lo stipendio 😊.

Federico
Io e Alice _____ per Madrid dove _____ uno stage in una azienda. _____ un bilocale. Ma credo che *(noi)* _____ spesso a Milano, anche solo per rivederci tutti insieme: _____ la vostra mancanza 😞.

Giovanna
Non sono ancora sicura di quello che voglio fare nel futuro. Fra due mesi i miei fratelli _____ un agriturismo vicino ad Assisi e probabilmente io li _____ nella stagione estiva …. Ragazzi, se in agosto non avete altri programmi, _____ venire in Umbria a trovarmi.

Carolina
Io non ho progetti: forse _____ a letto tutto il giorno 😊. Scherzo, ma di una cosa sono sicura: fra poco io _____ una mega festa per il nostro diploma, una nottata che *(noi)* non _____ mai!

2) Annunci... incompleti
Completa gli annunci con i verbi al futuro semplice e scrivi negli spazi con i puntini (....................) la parola che manca.

a. Il concerto di Natale _____ (*tenersi*) nella .... di Santa Maria del Carmine il 20 dicembre 2022 alle ore 21:00.

b. Il .... proveniente da Venezia _____ (*arrivare*) al binario 13 anziché al binario 9.

c. Si avvisano i signori passeggeri che, in occasione della domenica senza auto, gli .... e i tram _____ (*circolare*) con maggiore frequenza.

d. Si informano i cittadini che, durante i fine settimana ecologici, presso le piazze principali della città _____ (*essere*) possibile noleggiare gratuitamente una .... per l'intera giornata.

e. I cittadini extracomunitari _____ (*potere*) ritirare il .... per la richiesta del permesso di soggiorno presso gli uffici postali.

Il futuro semplice

3 Previsioni meteo
Per ogni verbo al futuro, scegli la forma corretta.

Nei prossimi giorni una perturbazione proveniente dalla Spagna raggiungerà il nostro Paese. Un peggioramento *porterà / portrà* pioggia su quasi tutta l'Italia. *Dovremmo / Dovremo* quindi dimenticare le giornate miti e soleggiate delle vacanze pasquali. Venerdì 22 *avrà / avremo* maltempo in molte zone del centro e del nord, dove *piovarà / pioverà* per gran parte della giornata. Solo tra il tardo pomeriggio e la sera *ci sarà / ci saranno* i primi segnali di un miglioramento e le temperature *aumenteranno / aumentaranno* di qualche grado. Decisamente migliore *sarerà / sarà* invece la situazione meteo nel sud: venerdì *poteremo / potremo* godere di alcune ore di sole, intervallate da passaggi nuvolosi. Domenica 24 il sole *splendrà / splenderà* per tutta la giornata, con temperature che *raggiungeranno / raggiungerà* i 25 gradi.

4 Oroscopo
Leggi l'oroscopo del segno dei Pesci e correggi le forme sbagliate dei verbi al futuro. Ci sono 5 errori in totale.

Pesci *20 febbraio-20 marzo*

La forma fisica sarà in generale buona, ma spesso vi sentirete stanchi e senza forze. Dovrete fare attenzione a non esagerare con gli impegni lavorativi. Prendetevi dei momenti di riposo: se dedicherete del tempo anche a voi stessi, la salute - del corpo e della mente - ne avrà beneficio.

Il lavoro vi offrirà nuove prospettive e avrete molte soddisfazioni economiche. I vostri colleghi saperanno apprezzare le vostre capacità e la collaborazione con loro vi darà la possibilità di condividere i progetti e gli impegni.

Grazie alla maggiore disponibilità economica, poterete fare la vacanza che avete sempre sognato. Riuscirete così a recuperare le energie e ritroverete equilibrio e serenità.

In amore o nelle amicizie chiudrete con qualche vecchia storia del passato e finalmente guarderete avanti: vi aspettano nuovi incontri… siate aperti e fiduciosi nelle relazioni con gli altri.

5 Prima di partire
a. Giuseppe, che si trasferirà negli Stati Uniti, scrive una lettera al fratello Ferruccio che abita lì. Completala con i verbi al futuro semplice, scegliendo tra quelli della lista.

| fare | avere | rivedere | mancare | essere | avere |

Roma, 15 ottobre

Mio caro Ferruccio,
stamattina ho fatto il biglietto. Parto il 30 di novembre, fra un mese e quindici giorni. Sono molto contento di partire perché ti _____. Negli ultimi tempi, la vita qui era diventata difficile. Tuttavia, sono anche dispiaciuto di partire. Penso che _____ nostalgia di alcune persone e luoghi. Non credo che _____ nuove amicizie. Sono diventato, con gli anni, piuttosto solitario. Qui avevo alcuni amici, non molti, e mi _____. Ma di qualcosa bisogna pur soffrire. _____ la tua compagnia e _____ molto per me […]
Ti abbraccio, Giuseppe

b. Completa anche la lettera di Ferruccio.

andare   venire   sposarsi   esserci   arrivare   rimanere

Princeton, 12 novembre

Mio caro Giuseppe,
quando ti ho telefonato in questi ultimi tempi non ti ho detto una cosa importante. Non te l'ho detta perché trovo più facile scriverla [...]: io e Anne Marie _____ fra una settimana. Quando tu _____, saremo già sposati. Per sposarmi non aspetto il tuo arrivo, sarebbe inutile. Non _____ festeggiamenti, di nessun tipo. Il 30 novembre io e Anne Marie _____ a prenderti all'aeroporto di New York. Dato che tu non hai mai visto New York, tutti e tre _____ lì una settimana. Poi _____ a Princeton.
Ti abbraccio,
Ferruccio

(adattato da Natalia Ginzburg, *La città e la casa*, Einaudi)

6 *Mah, non so...*
Completa le frasi con i verbi al futuro semplice e poi abbina le domande alle risposte.

1. Hai visto Claudio? Viaggia molto ed è sempre abbronzatissimo.... Beato lui! Ma che lavoro fa?	a. Forse _____ *(essere)* al cinema. o non _____ *(volere)* rispondere.
2. Quanto _____ *(costare)* quegli stivali?	b. Mah, è difficile dirlo, è sempre vestita di beige o di nero!
3. Secondo te, a Rosita _____ *(piacere)* di più i colori chiari o scuri?	c. Mah, non so, ne _____ *(avere)* una trentina.
4. Chissà dove _____ *(essere)* Paolo e Linda? Non rispondono mai al cellulare!	d. Troppo per le mie tasche.
5. Quanti anni ha la moglie di Vincenzo?	e. Boh, _____ *(fare)* l'animatore nei villaggi turistici.

7 *Rifletti sulla lingua*
**A che cosa serve il futuro? Segna con una X quali funzioni esprime in ogni esercizio.
Ci possono essere più funzioni nello stesso testo.**

	parlare di azioni future	parlare di progetti	fare annunci	fare promesse	fare previsioni	esprimere dubbi / fare supposizioni
Progetti						
Annunci... incompleti						
Previsioni meteo						
Oroscopo						
Prima di partire						
Mah, non so...						

Il futuro anteriore

Formazione del futuro anteriore

- Il futuro anteriore è un tempo composto. Si forma con il futuro di **avere** o **essere** + il **participio passato** del verbo.

> Comprerò la casa solo quando **avrò trovato** un lavoro sicuro.
>
> Appena **saranno arrivati** tutti gli ospiti, faremo un brindisi.

	TROV**ARE**	VEND**ERE**	USC**IRE**
io	**avrò** trovato	**avrò** venduto	**sarò** uscito/a
tu	**avrai** trovato	**avrai** venduto	**sarai** uscito/a
lui/lei/Lei	**avrà** trovato	**avrà** venduto	**sarà** uscito/a
noi	**avremo** trovato	**avremo** venduto	**saremo** usciti/e
voi	**avrete** trovato	**avrete** venduto	**sarete** usciti/e
loro	**avranno** trovato	**avranno** venduto	**saranno** usciti/e

Uso del futuro anteriore

Il futuro anteriore si trova:

- in frasi subordinate per esprimere un'azione futura che succede **prima** di un'altra, anch'essa futura;

> **Dopo che** il sindaco **avrà incontrato** i giornalisti, li accompagnerà nella visita ufficiale.
>
>
>
> *Prima: il sindaco incontrerà i giornalisti; Poi: li accompagnerà nella visita ufficiale.*

- in frasi indipendenti per esprimere dubbi e fare supposizioni al passato.

> - Perché Francesco non è ancora arrivato?
> - Boh, non so, **avrà trovato** traffico.

Esercizi

1. Pinocchio e il Grillo Parlante
Completa il dialogo con i verbi, scegliendo tra quelli della lista.

> prenderanno   dovrò   farò   sarai diventato   succederà
> sarò tornato   manderà   andrò   potrò   vorrò
> avranno litigato   avrò detto   si pentiranno

- ■ Dimmi, Grillo: tu chi sei?
- □ Io sono il Grillo Parlante e abito in questa stanza da più di cento anni.
- ■ Oggi però questa stanza è mia: vai via subito!
- □ Io _____ via da qui, ma solo quando ti _____ una grande verità. Ascoltami bene: guai a quei ragazzi che fanno i capricci e discutono con la famiglia perché, dopo che _____ con i loro genitori, _____ di quello che hanno fatto.
- ■ Canta pure, Grillo mio... se ti ascolto, mi _____ quello che succede a tutti gli altri bambini: appena _____ a casa, infatti, mio padre mi _____ a scuola, _____ studiare e non _____ più giocare e divertirmi.
- □ Povero Pinocchio! Così, quando _____ un asino*, tutti ti _____ in giro.
- ■ Stai zitto, Grillaccio! Io _____ sempre quello che _____ !

(adattato da Carlo Collodi, *Le avventure di Pinocchio*)

*asino: bambino ignorante, che non sa niente.

2. Pinocchio va a scuola
Completa il testo con i verbi al futuro semplice o anteriore. I verbi sono in ordine.

> imparare   imparare   riempire   cominciare   studiare   guadagnare   mettere   regalare

Pinocchio, con il suo bel libro nuovo sotto il braccio, prese la strada che portava a scuola. Mentre camminava faceva mille progetti, uno più bello dell'altro, e pensava:
"Oggi a scuola voglio imparare subito a leggere. Poi, dopo che _____ a leggere, _____ anche a scrivere. E dopo che _____ un'intera pagina del mio quaderno con le lettere dell'alfabeto, _____ a studiare i numeri. Poi, quando _____ tutti i numeri, con la mia abilità _____ molti soldi.
E appena _____ da parte un po' di denaro, _____ al mio babbo una bella giacca di panno. Ma che dico di panno? Gliela voglio fare d'argento e con i bottoni di brillanti. Quel pover'uomo se la merita davvero: per comprarmi i libri e farmi studiare ha fatto tanti sacrifici!"

(adattato da Carlo Collodi, *Le avventure di Pinocchio*)

8 Il futuro anteriore

8 Il futuro anteriore

3 Notizie... incomplete
Completa le notizie con il futuro semplice o anteriore e unisci le frasi della colonna di sinistra con il finale corrispondente nella colonna di destra.

1. Questa legge _____ (diventare) esecutiva	a. la circolazione delle auto _____ (potere) tornare alla normalità.
2. Dopo che i lavori di ristrutturazione del teatro, _____ (finire)	b. _____ (partecipare) alla conferenza stampa.
3. Solo quando la qualità dell'aria _____ (migliorare)	c. quando il Parlamento _____ (approvare) la proposta del Governo.
4. Dopo che gli attori premiati al Festival del Cinema di Venezia _____ (ritirare) il premio,	d. solo dopo che Inter e Milan _____ (giocare) il derby.
5. _____ (noi - sapere) il nome della squadra che _____ (potere) passare alla semifinale,	e. la direzione _____ (offrire) uno spettacolo gratuito ai cittadini.

4 Che cosa pensi?
Leggi queste situazioni e per ognuna completa le ipotesi, usando il futuro semplice o anteriore.

1. *Un tuo compagno di corso da alcuni giorni non viene a lezione.*
   _____ (avere) qualche problema? _____ (stare) studiando per gli esami?

2. *Sei al parcheggio del supermercato: dopo aver fatto la spesa, non trovi le chiavi della tua macchina.*
   Oh no! Dove _____ (metterle)?

3. *Sono tre ore che provi a telefonare a tua nonna ma non risponde.*
   Oddio! Dove _____ (essere)? Che cosa le _____ (succedere)?

4. *Entri in casa tua e ti accorgi che c'è acqua dappertutto.*
   Noooo! Da dove _____ (venire) tutta quest'acqua?

5. *Ricevi un messaggio in cui si dice che hai vinto un viaggio.*
   Figuriamoci! _____ (essere) una bufala!

   Che cosa significa "è una bufala"?
   a) È una e-mail sospetta, che forse contiene un virus. ❏
   b) È una notizia falsa, che sembra uno scherzo. ❏
   c) È una comunicazione inutile, che fa pubblicità a un prodotto. ❏

5 *Che cosa sarà successo?*
Guarda i disegni e scrivi che cosa può essere successo, usando il futuro semplice e anteriore.

1. *Il proprietario della villa sarà partito per il giro del mondo! Non avrà chiesto a nessuno di occuparsi della casa e sarà impossibile contattarlo.*

2. _____

3. _____

4. _____

5. _____

Il passato remoto

Forme regolari

	ANDARE	VENDERE	APRIRE
io	and-**ai**	vend-**ei** / vend-**etti**	apr-**ii**
tu	and-**asti**	vend-**esti**	apr-**isti**
lui/lei/Lei	and-**ò**	vend-**é** / vend-**ette**	apr-**ì**
noi	and-**ammo**	vend-**emmo**	apr-**immo**
voi	and-**aste**	vend-**este**	apr-**iste**
loro	and-**arono**	vend-**erono** / vend-**ettero**	apr-**irono**

● *Nei verbi regolari in -ere con radice terminante in -t non esiste la 2ª forma in -etti/-ette/-ettero.*

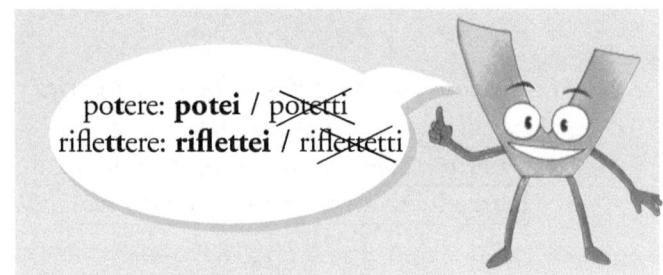

potere: **potei** / ~~potetti~~
riflettere: **riflettei** / ~~riflettetti~~

Forme irregolari

● *Il passato remoto ha molte forme irregolari. Di solito l'irregolarità è nella 1ª (io) e nella 3ª persona (lui/lei/Lei) singolari e nella 3ª plurale (loro).*

Ricorda: 1 3 3
Leggere: **1** lessi, **3** lesse, **3** lessero

	ESSERE	AVERE	FARE	DARE	STARE
io	**fui**	ebbi	feci	**diedi / detti**	stetti
tu	**fosti**	avesti	facesti	desti	stesti
lui/lei/Lei	**fu**	ebbe	fece	**diede / dette**	stette
noi	**fummo**	avemmo	facemmo	demmo	stemmo
voi	**foste**	aveste	faceste	deste	steste
loro	**furono**	ebbero	fecero	**diedero / dettero**	stettero

Il passato remoto

VEDERE	METTERE	SCEGLIERE	BERE	VENIRE	TENERE	SAPERE
vidi	**misi**	**scelsi**	**bevvi**	**venni**	**tenni**	**seppi**
vedesti	mettesti	scegliesti	bevesti	venisti	tenesti	sapesti
vide	**mise**	**scelse**	**bevve**	**venne**	**tenne**	**seppe**
vedemmo	mettemmo	scegliemmo	bevemmo	venimmo	tenemmo	sapemmo
vedeste	metteste	sceglieste	beveste	veniste	teneste	sapeste
videro	**misero**	**scelsero**	**bevvero**	**vennero**	**tennero**	**seppero**

ROMPERE	CADERE	MUOVERE	VOLERE
ruppi	**caddi**	**mossi**	**volli**
rompesti	cadesti	movesti	volesti
ruppe	**cadde**	**mosse**	**volle**
rompemmo	cademmo	movemmo	volemmo
rompeste	cadeste	moveste	voleste
ruppero	**caddero**	**mossero**	**vollero**

La coniugazione che ha più irregolarità è quella in -ere. Un modo semplice per ricordare i verbi irregolari al passato remoto è dividerli in gruppi con la stessa irregolarità.

SCRIVERE	CONOSCERE	PRENDERE	PERDERE	VINCERE	SCOMPARIRE	NASCERE
scrissi	**conobbi**	**presi**	**persi**	**vinsi**	**scomparvi**	**nacqui**
scrivesti	conoscesti	prendesti	perdesti	vincesti	scomparisti	nascesti
scrisse	**conobbe**	**prese**	**perse**	**vinse**	**scomparve**	**nacque**
scrivemmo	conoscemmo	prendemmo	perdemmo	vincemmo	scomparimmo	nascemmo
scriveste	conosceste	prendeste	perdeste	vinceste	scompariste	nasceste
scrissero	**conobbero**	**presero**	**persero**	**vinsero**	**scomparvero**	**nacquero**
si coniugano così anche: vivere, dire, tradurre, produrre, leggere, trarre, sottrarre, ecc.	*si coniuga così anche: crescere*	*si coniugano così anche: scendere, accendere, sorridere, offendere, spendere, uccidere, concludere, rimanere, chiudere, decidere, chiedere, comporre, proporre, ecc.*	*si coniugano così anche: correre, accorgersi*	*si coniugano così anche: raggiungere, congiungere, aggiungere, convincere, ecc.*	*si coniuga così anche: apparire*	*si coniuga così anche: piacere*

Uso del passato remoto

- *Il passato remoto esprime un'azione conclusa che non ha nessuna relazione con il presente. Si alterna con l'imperfetto, che mantiene tutte le sue funzioni (vedi capitoli 3 e 4).*

Nel 1943, mentre l'Italia era in guerra, il fascismo **cadde** e il governo provvisorio **si alleò** con gli americani.

Il passato remoto si usa:

- *per raccontare fatti storici;*

Il 2 giugno 1946 gli italiani **votarono** per la Repubblica e il re Umberto di Savoia **andò** in esilio.

- *per scrivere biografie;*

Giuseppe Garibaldi **nacque** a Nizza nel 1807 e **morì** a Caprera nel 1882.

- *nei testi narrativi.*

Entrò il cameriere e **accese** la luce. Maggiorelli **ordinò** una birra. Il cameriere **portò** la birra, e la coppia, forse disturbata dalla luce, se ne **andò**; ma la conversazione non **rinacque**. Ormai erano anni e anni che facevano sempre gli stessi discorsi.

(Carlo Cassola, "Esiliati" in *La Casa di Via Valadier*)

Il passato remoto si usa soprattutto nella lingua scritta. Nell'Italia centrale e meridionale si usa anche nella lingua parlata.

Esercizi

1 *Il re Mida*
   a. Trova nel testo tutti i verbi al passato remoto e scrivili nella tabella, come nell'esempio.

Il re Mida era un grande spendaccione, tutte le sere dava feste e balli, finché <u>rimase</u> senza un centesimo. Andò dal mago Apollo, gli raccontò i suoi guai e Apollo gli fece questo incantesimo: "Tutto quello che le tue mani toccheranno diventerà oro".

Il re Mida era felicissimo e tornò di corsa alla sua automobile: appena aprì la portiera, la macchina diventò tutta d'oro: ruote d'oro, vetri d'oro, motore d'oro. Era diventata d'oro anche la benzina, così fu necessario far venire un carro trainato da buoi.
Appena arrivato a casa, il re Mida andava in giro per le stanze a toccare più cose che poteva: tavoli, armadi, sedie e tutto diventava d'oro. Ad un certo punto ebbe sete: bevve un bicchiere d'acqua, ma il bicchiere diventò d'oro e l'acqua anche, e dovette lasciarsi imboccare dal suo servo con il cucchiaio.

PASSATO REMOTO	INFINITO
rimase	*rimanere*

b. Adesso completa la fine della storia del re Mida inserendo i verbi al posto giusto.

fu   diventarono   andò   toccò   diventò   dovette   fece
salì   disse   tornò   si arrabbiò   si trovò   aspettò

Venne l'ora di andare a tavola. Quando il re Mida _____ il pane, anche quello _____ d'oro e per mangiare _____ farsi imboccare dalla regina. Gli invitati si nascondevano sotto il tavolo a ridere: il re _____, ne afferrò uno, e gli _____ diventare d'oro il naso, così non poteva più soffiarselo. Quando _____ a letto, il cuscino, le lenzuola e il materasso _____ d'oro massiccio ed erano troppo duri per dormirci. _____ costretto a passare la notte seduto su una poltrona, con le braccia alzate per non toccare niente, e la mattina dopo era stanco morto. _____ subito dal mago Apollo per far sciogliere l'incantesimo.
"Va bene - gli _____ il mago - ma stai bene attento, perché per far passare l'incantesimo ci vogliono sette ore e sette minuti giusti giusti, e in questo tempo tutto quello che toccherai diventerà cacca di mucca." Il re Mida _____ tutto felice: stava bene attento all'orologio per non toccare niente prima che fossero passati sette ore e sette minuti. Purtroppo il suo orologio correva più del necessario e andava avanti un minuto ogni ora. Dopo aver contato sette ore e sette minuti, _____ in macchina per tornare a casa e improvvisamente _____ seduto in mezzo a un gran mucchio di cacca di mucca perché mancavano ancora sette minuti alla fine dell'incantesimo.

(adattatato da Gianni Rodari, *Favole al telefono*)

9 Il passato remoto

2 Alla stazione
Passato remoto o imperfetto?
Scegli il tempo verbale corretto.

La piccola stazione era quasi deserta. Dallo stanzino con il quadro dei comandi *si affacciò / si affacciava* il capostazione e *camminò / camminava* sotto la pensilina fino ai binari. *Fu / Era* un ometto grasso con i baffi. *Accendeva / Accese* una sigaretta e *guardò / guardava* dubbioso il cielo carico di nuvole. I due operai che *aspettarono / aspettavano* il treno gli *fecero / facevano* un breve saluto e lui *rispose / rispondeva* con un cenno della testa. All'improvviso la ragazza *apparve / appariva* da dietro il cancello. *Aveva / Ebbe* un vestito a pois, delle scarpe allacciate alla caviglia e una giacca di maglia azzurra. *Portò / Portava* in mano una valigetta e una piccola borsa di paglia. Appena la *vide / vedeva*, uno degli operai *diede / dava* un colpo di gomito al compagno, che *sembrava / sembrò* distratto. La ragazza *entrava / entrò* nella sala d'aspetto chiudendo la porta dietro di sé. La stanza *era / fu* deserta. C'era una grossa stufa di ghisa in un angolo e la ragazza *si avvicinò / si avvicinava* sperando che fosse accesa. La *toccò / toccava* delusa e ci *metteva / mise* sopra il sacco di paglia… poi *si sedeva / si sedette* su una panca, *ebbe / aveva* un leggero brivido e *si prese / si prendeva* il viso tra le mani. *Restava / Restò* così a lungo, come se piangesse. La porta *si spalancò / si spalancava* ed *entrava / entrò* un uomo. *Era / Fu* alto e magro, *portava / portò* un impermeabile chiaro con la cintura e un cappello abbassato sul viso. La ragazza *scattò / scattava* in piedi e *diede / dava* un piccolo grido: "Eddie". L'uomo *si portò / si portava* un dito sulle labbra e *avanzava / avanzò* verso di lei. Prima le *sorrise / sorrideva* e poi la *prese / prendeva* fra le braccia.

(adattato da Antonio Tabucchi, "Cinema" in *Piccoli equivoci senza importanza*)

Che cosa successe dopo? Continua tu la storia.

3 La nonna e l'Ipad
Completa il testo con i verbi al passato remoto o all'imperfetto, come nell'esempio.

__Presi__ (io - prendere) l'iPad e lo _____ (mostrare) alla nonna.
- Cos'è questo? – mi _____ (chiedere) interessata. _____ (Io - cercare) le parole per spiegarglielo in modo semplice, ma non le _____ (trovare).
- Si chiama iPad. È un computer che può diventare un televisore. Si possono anche leggere libri, sentire la radio, mandare messaggi, fare videochiamate e fotografie e tante altre cose.
  La nonna _____ (essere) incredula.
- Davvero?
  Dopo un mese, la dipendenza da iPad della nonna era diventata irreversibile.
  Lo _____ (usare) per guardare la sua serie preferita, come album fotografico per vedere le foto dei pronipoti, _____ (spedire) messaggi ai figli e se _____ (io - dimenticare) di metterlo in carica _____ (lei - arrabbiarsi). _____ (Lei - decidere) che ne voleva uno tutto suo. E mi _____ (dire):
- Se qualcuno ti chiede cosa regalarmi per il compleanno, voglio l'Aipan.
- Nonna, però non si chiama Aipan. Ci vuole la "d", la _____ (io - correggere).
  Lei mi _____ (guardare), dubbiosa.
- Daipan?
  Mi _____ (sembrare) così divertente che lo _____ (pubblicare) su Facebook. In poche ore il post _____ (ricevere) più di 400 like. E _____ (essere) così che l'iPad _____ (diventare) il Daipan.

(adattato da Benedetta Gargano, *L'invenzione della felicità*)

4 Chi, dove, quando?
Completa questo quiz con i verbi al passato remoto e prova a indovinare la risposta corretta.

1. Chi _____ (essere) l'ultimo re d'Italia? a) Vittorio Emanuele II ☐ b) Carlo Alberto ☐ c) Umberto II ☐	5. Dove _____ (nascere) Dante? a) A Roma ☐ b) A Firenze ☐ c) A Venezia ☐
2. Chi _____ (scrivere) i Promessi Sposi? a) Alessandro Manzoni ☐ b) Carlo Goldoni ☐ c) Luigi Pirandello ☐	6. Dove _____ (incontrarsi) Garibaldi e Vittorio Emanuele II? a) A Messina ☐ b) A Roma ☐ c) A Teano ☐
3. Quando _____ (iniziare) la costruzione del Colosseo a Roma? a) Nel 31 avanti Cristo. ☐ b) Nel 21 dopo Cristo. ☐ c) Nel 71 dopo Cristo. ☐	7. Quando Roma _____ (divenire) capitale d'Italia? a) Nel 1871 ☐ b) Nel 1901 ☐ c) Nel 1790 ☐
4. Dove _____ (vivere) Giulietta e Romeo? a) A Verona ☐ b) A Siena ☐ c) A Venezia ☐	8. Quando Leonardo _____ (dipingere) "L'Ultima Cena"? a) Nel 1510 ☐ b) Nel 1495 ☐ c) Nel 1605 ☐

5 La storia della pasta
Completa il testo con i verbi al passato remoto o all'imperfetto.

L'origine della pasta è antichissima: già nel IV secolo prima di Cristo, infatti, gli Etruschi preparavano delle lasagne di farro, un cereale ancora oggi utilizzato in molte ricette. Anche i Romani _____ (fare) un semplice impasto di farina e acqua, da cui _____ (ricavare) delle lasagne che _____ (chiamarsi) "lagane". Soltanto nel XVII secolo la pasta _____ (iniziare) a diffondersi nel nostro Paese e in quegli anni "_____" (incontrare) per la prima volta il pomodoro, portato in Europa dall'America: una vera rivoluzione culinaria.
All'epoca la pasta si _____ (mangiare) ancora con le mani.
_____ (essere) solo nel 1700 che un uomo della corte di re Ferdinando II, a Napoli, _____ (avere) la geniale idea di usare una forchetta, che _____ (permettere) quindi alla pasta di entrare a far parte degli eleganti pranzi di tutte le corti d'Italia. Successivamente, a Napoli, _____ (nascere) i primi macchinari per la produzione industriale: questa zona, infatti, _____ (avere) le condizioni climatiche ideali per l'importante processo di essiccamento della pasta. _____ (cominciare) da lì il lungo viaggio della pasta "c'a pummarola 'n coppa" famosa ormai in tutto il mondo con il più facile nome di "pasta al pomodoro".

6 *Paganini non ripete*
Leggi questa biografia e trasforma i verbi dal presente al passato remoto.

Niccolò Paganini, violinista e compositore, nasce a Genova nel 1782. Inizia a studiare il violino a sei anni con il padre e fa progressi sorprendenti in pochissimo tempo: compone la sua prima sonata per violino all'età di otto anni e a nove si presenta in pubblico. Quattro anni più tardi dà un concerto a Genova riportando un enorme successo. Quindi intraprende una serie di esecuzioni a Milano, Bologna e Firenze e le sue fenomenali capacità suscitano entusiasmi.

Stanco della tutela paterna, comincia a viaggiare da solo, ma questa libertà lo conduce su una cattiva strada: a soli sedici anni diventa un appassionato giocatore e perde al gioco tutti gli incassi dei suoi concerti. È così costretto a impegnare il suo violino per pagare i debiti di gioco. Nel 1813 riprende i concerti in tutta Europa. Dopo averlo sentito suonare, Schubert dice: "nell'adagio eseguito da Paganini, ho sentito cantare un angelo." La sua tecnica e le sue composizioni fanno di lui il violinista più apprezzato. Ma anche il suo aspetto fisico ha grande effetto sul pubblico: viso lungo e pallido, lineamenti forti, naso marcato, occhi d'aquila, capelli lunghi fino alle spalle e collo molto sottile... un'immagine quasi demoniaca. A causa del suo amore per il denaro, Paganini si esibisce fino a poco prima di morire. Investe i suoi capitali in un casinò, il cui fallimento lo rovina. Sul letto di morte litiga con il prete e muore senza ricevere i sacramenti: per questo non può essere sepolto in terra consacrata. Solo cinque anni più tardi il figlio ottiene il permesso dal Papa e riesce a portare i resti del padre nel cimitero di Parma.

Sai perché si dice scherzosamente "Paganini non ripete" quando non si vuole ripetere o rifare qualcosa?

a) Perché Paganini non ripeteva mai due volte lo stesso concerto. ❏

b) Perché Paganini non concedeva mai il bis. ❏

c) Perché in ogni concerto suonava sempre un pezzo nuovo. ❏

7 Rifletti sulla lingua

A che cosa serve il passato remoto? Rifletti e segna con una X quali funzioni esprime in ogni esercizio. Ci possono essere più funzioni nello stesso testo.

	raccontare fatti storici	scrivere biografie	produrre testi narrativi
Il Re Mida			
La nonna e l'Ipad			
Alla stazione			
Chi, dove, quando?			
La storia della pasta			
Paganini non ripete			

8 Giocando con... il passato remoto

Completa lo schema coniugando i verbi alla persona giusta del passato remoto.

ORIZZONTALI →
1 loro - dare
4 lui - volere
8 io - sapere
9 io - scrivere
10 loro - bere
15 io - conoscere
16 lui - chiudere
17 io - avere

VERTICALI ↓
2 io - dire
3 loro - rompere
4 io - venire
5 loro - leggere
6 io - essere
7 lui - mettere
11 io - vedere
12 io - rimanere
13 lui - nascere
14 io - scegliere

Il trapassato remoto

Formazione del trapassato remoto

- Il trapassato remoto è un tempo composto. Si forma con il passato remoto di **avere** o **essere** + il **participio passato** del verbo.

> Dopo che **ebbero visitato** il Foro Romano, si recarono in Vaticano.
>
> Quando **fu partita**, Carlotta scrisse una lettera a sua sorella.

	VISIT**ARE**		PART**IRE**	
io	**ebbi**	visit**ato**	**fui**	part**ito/a**
tu	**avesti**	visit**ato**	**fosti**	part**ito/a**
lui/lei/Lei	**ebbe**	visit**ato**	**fu**	part**ito/a**
noi	**avemmo**	visit**ato**	**fummo**	part**iti/e**
voi	**aveste**	visit**ato**	**foste**	part**iti/e**
loro	**ebbero**	visit**ato**	**furono**	part**iti/e**

Uso del trapassato remoto

- Il trapassato remoto si trova solo in frasi subordinate.

> Il medico **tornò** a casa **appena ebbe finito** le visite.
> *frase principale*   *frase subordinata*

- Si riferisce sempre ad un'azione del passato accaduta prima di un'altra, espressa al passato remoto.

> Quando Susy **ebbe capito** la situazione, **telefonò** a Davide per scusarsi.

> **Prima:** Susy capì la situazione,
> **Poi:** telefonò a Davide.

- Il trapassato remoto è introdotto da: **dopo che, quando, appena/non appena**.

> **Dopo che si furono riposati**, ripresero a lavorare.
>
> **Non appena fu arrivato**, chiese subito notizie del figlio.

Esercizi

1 *Le stelle alpine*
Completa il testo con i verbi al passato remoto o al trapassato remoto.

C'era una volta, a sud delle Alpi, un regno ricco e fortunato i cui abitanti vivevano felici. Il figlio del re aveva un grande desiderio: voleva andare sulla Luna. Un giorno _____ *(perdersi)* nel bosco: dopo che _____ *(arrivare)* la notte, _____ *(addormentarsi)* su un prato coperto di fiori rossi. _____ *(sognare)* di essere su un prato coperto di fiori sconosciuti e di incontrare una bellissima ragazza, che era la figlia del re della Luna. Quando _____ *(svegliarsi)*, _____ *(provare)* un'immensa gioia per questo sogno e _____ *(cominciare)* a raccogliere i fiori rossi. Improvvisamente _____ *(sentire)* delle voci che venivano da una nuvola in cima ad una montagna. Non appena _____ *(avvicinarsi)*, _____ *(vedere)* che all'interno della nuvola c'erano due abitanti della Luna molto anziani. Dopo che il principe gli _____ *(raccontare)* il suo desiderio, i due vecchi _____ *(decidere)* di portarlo con sé. Sulla Luna tutto era luminoso e c'erano anche degli strani fiori bianchi che ricoprivano il paesaggio. Il principe aveva ancora in mano il mazzo di fiori rossi e la gente gli chiedeva da dove venissero. Il principe _____ *(dire)* che quei fiori erano originari della Terra e _____ *(portarli)* subito dal re della Luna. Non appena _____ *(arrivare)* davanti al re, il principe _____ *(riconoscere)* la bellissima ragazza del sogno, che era proprio la figlia del re. _____ *(regalarle)* il mazzo di fiori rossi e _____ *(chiederla)* in sposa. Dopo che _____ *(loro - sposarsi)*, il principe _____ *(rimanere)* a vivere lì. Ma un giorno _____ *(accorgersi)* che la luce intensa della Luna gli faceva male agli occhi e che stava per diventare cieco. Allora _____ *(decidere)* di ritornare sulla Terra con sua moglie. Prima di partire, la principessa _____ *(volere)* portare con sé un mazzo di fiori bianchi: quei fiori _____ *(diffondersi)* su tutte le Alpi e furono chiamati "stelle alpine".

(adattato da un racconto di Annamaria Nagler, in *altabadia.org*)

Le forme impersonali

- *I verbi impersonali si chiamano così perché non si riferiscono ad un soggetto determinato. Si coniugano solo alla 3ª persona singolare.*

- *Sono impersonali:*
  - *i verbi meteorologici:* **piovere, piovigginare, diluviare, nevicare, grandinare** *e l'espressione* **fare caldo/freddo**;
  - **bisogna** + *infinito*;
  - **è** + *avverbio* + *infinito*.

- *Alcuni verbi che hanno una coniugazione personale molto spesso sono usati in modo impersonale:*

$$\left.\begin{array}{l} basta \\ conviene \\ occorre \\ serve \\ dispiace \end{array}\right\} + infinito$$

$$\left.\begin{array}{l} accade \\ capita \\ succede \end{array}\right\} + di + infinito$$

$$\left.\begin{array}{l} è \\ diventa \\ sembra/pare \end{array}\right\} + aggettivo + infinito$$

Per spegnere la lavatrice **basta** premere questo tasto.
(*chiunque deve premere il tasto = soggetto indeterminato*)

Siamo in primavera, ma **piove** e **fa freddo**.

Bisogna sempre **rispettare** gli altri.
È meglio studiare le lingue straniere da piccoli.

Forma personale
Dieci euro ti **bastano** per comprare il gelato?

Per fare la torta **occorre** mezzo chilo di farina.

Per leggere **mi servono** gli occhiali.

Forma impersonale
Basta avere 18 anni per partecipare al concorso.

Conviene partire prima delle cinque.

Occorre studiare molto per passare l'esame.

Non **serve fare** promesse se poi non si mantengono.

Dispiace sempre **dire** di no ad un amico.

Accade spesso **di giudicare** male una persona.

Capita a tutti **di sbagliare**.

Qualche volta **succede di arrabbiarsi** per cose stupide.

Diventa sempre più **difficile trovare** un lavoro.

Sembra facile insegnare l'italiano agli stranieri, ma non sempre è così.

I verbi impersonali nei tempi composti

- *I verbi meteorologici nei tempi composti possono avere l'ausiliare **essere** o **avere**.*

  Nell'inverno di due anni fa in Italia **è/ha nevicato** moltissimo.

- *I verbi usati in modo impersonale vogliono sempre l'ausiliare **essere**.*

  È capitato a tutti di sbagliare almeno una volta!

La costruzione impersonale

- *Tutti i verbi possono essere usati in modo impersonale con la costruzione:*

  Si + verbo alla 3ª persona singolare

  In Italia **si vive** bene.

- *Se dopo un verbo transitivo c'è un sostantivo, il verbo deve concordare con esso:*

  Si + verbo 3ª persona singolare + sostantivo singolare

  In Italia **si mangia** spesso **la pasta**.

  Si + verbo 3ª persona singolare + sostantivo singolare

  In Italia **si mangiano** spesso **gli spaghetti**.

  In questo caso il "si" è passivante, cioè rende la frase passiva (vedi cap. 18).

- *Se il verbo è riflessivo, la forma impersonale si costruisce così:*

  Ci + si + verbo 3ª persona singolare

  In vacanza **ci si alza** più tardi.

- *Se la forma impersonale contiene un aggettivo, quest'ultimo va messo al plurale maschile.*

  Quando **si diventa** vecch**i**, **ci si sente** più sol**i**.

11 Le forme impersonali

Esercizi

1 Il tempo pazzo
Completa le frasi con le strutture relative al meteo.

21 marzo
Oggi siamo in primavera, ma _____ e sembra inverno.

21 aprile
Un'ora fa c'era il sole, ora _____.

21 giugno
La scuola è finita, domani parto per il mare ma… _____!

21 luglio
Oh no, _____! I chicchi sono grossi come delle noci!

21 dicembre
Fra qualche giorno è Natale, ma sembra primavera: _____!

2 Matrimonio all'italiana
Trasforma il testo coniugando i verbi <u>sottolineati</u> con il "si" impersonale o passivante, come nell'esempio.

Sei invitato a un matrimonio di amici italiani e non sai che cosa ti aspetta?
Ecco quali sono le nostre tradizioni riguardo alle nozze, anche se oggigiorno alcune coppie non le seguono. Innanzitutto, per annunciare un matrimonio <u>inviamo</u> un biglietto che si chiama "partecipazione". Se invece <u>vogliamo</u> invitare qualcuno anche al ricevimento, <u>mandiamo</u> due biglietti: la partecipazione e l'invito. E per il regalo? Di solito <u>facciamo</u> una lista di nozze oppure <u>chiediamo</u> un contributo economico per la luna di miele. Qualche giorno prima delle nozze <u>facciamo</u> una festa: lo sposo esce da solo con i suoi amici e la sposa con le sue amiche. La sera prima del matrimonio, invece, non <u>possiamo</u> vedere il futuro sposo perché porterebbe sfortuna. Dopo la cerimonia, all'uscita dalla Chiesa o dal Comune, <u>buttiamo</u> il riso agli sposi: infatti <u>diciamo</u> che il riso porta fortuna! Alla festa, come sempre in Italia, <u>mangiamo</u> e <u>beviamo</u> moltissimo: spesso <u>stiamo</u> a tavola per ore e ore. Alla fine della giornata <u>regaliamo</u> una bomboniera* ad ogni invitato e <u>offriamo</u> confetti** bianchi a tutti.

<u>*Per annunciare un matrimonio si manda un biglietto che si chiama "partecipazione"…*</u>

* bomboniera: piccola scatola che contiene confetti.
** confetti: piccoli dolci fatti di mandorle ricoperte di zucchero.

3 Il galateo a tavola
Completa questo testo utilizzando il "si" impersonale o passivante. Attenzione ai verbi riflessivi!

traccia 11

Sei invitato a una cena formale e non sai come __ci si comporta__ a tavola? Ricordati queste regole del galateo.
Non _____ (sedersi) a tavola prima della padrona di casa e non _____ (potere) cominciare a mangiare prima di lei. Il tovagliolo _____ (mettere) sulle ginocchia e non intorno al collo. Non _____ (appoggiare) i gomiti sulla tavola e non _____ (servirsi) direttamente dal piatto di portata con la propria forchetta. Non _____ (soffiare) sul cibo o su una bevanda troppo calda. Prima di bere, _____ (pulirsi) la bocca con il tovagliolo. Attenzione agli spaghetti: non _____ (tagliare) con il coltello e per mangiarli non _____ (aiutarsi) con il cucchiaio. Se rimane del sugo nel piatto, non lo _____ (raccogliere) con un pezzetto di pane*. Se _____ (avere) il raffreddore non _____ (soffiarsi) il naso davanti a tutti: eventualmente _____ (alzarsi) e _____ (allontanarsi). E, infine, non _____ (usare) gli stuzzicadenti. Insomma, un buon comportamento a tavola è fatto di tanti "non".

*Qual è l'espressione che si usa per dire "raccogliere il sugo nel piatto con un pezzetto di pane"?

a) Fare il panino. ☐   b) Fare la calzetta. ☐   c) Fare la scarpetta. ☐

4 Paesi che vai, usanze che trovi
Trasforma le frasi mettendo alla forma impersonale con il "si" le parti sottolineate, come nell'esempio.

1. Nei paesi arabi <u>le persone non si abbracciano</u> in pubblico.
2. In Messico l'orario non è così importante: se <u>arriviamo</u> a cena a casa di qualcuno con un'ora di ritardo, non è un problema.
3. In Spagna, quando <u>le persone mangiano</u> insieme al ristorante, spesso <u>condividono</u> quello che c'è in tavola.
4. In Finlandia quando <u>siamo</u> ospiti a casa di qualcuno, non <u>possiamo</u> dire di no a una bella sauna.
5. In molte zone dell'India <u>le persone mangiano</u> con le mani per gustare meglio il cibo.
6. In Svezia nei supermercati <u>la gente non può comprare</u> gli alcolici.
7. In Corea quando <u>le persone porgono</u> qualcosa a qualcuno, <u>usano</u> entrambe le mani, in segno di rispetto.
8. In Giappone <u>la gente non si soffia</u> il naso in pubblico.
9. In Inghilterra, mangiando un panino o pranzando, <u>le persone bevono</u> spesso un tè caldo.
10. In Bulgaria per dire "sì" <u>le persone scuotono la testa</u> da destra a sinistra, per dire "no" <u>muovono</u> la testa su e giù.

1. Nei paesi arabi __non ci si abbraccia__ in pubblico.
2. In Messico _____
3. In Spagna _____
4. In Finlandia _____
5. In molte zone dell'India _____
6. In Svezia _____
7. In Corea _____
8. In Giappone _____
9. In Inghilterra _____
10. In Bulgaria _____

Le forme impersonali — 11

5) Quello che degli italiani sembra strano...

Trasforma le frasi utilizzando le seguenti forme impersonali. Poi segna quali di queste abitudini ti sembrano più strane.

> bisogna + infinito   è meglio / importante / normale / possibile + infinito

In Italia...

1. Di solito <u>non si regalano</u> coltelli: porta male.
   _____

2. In una conversazione informale <u>si può interrompere</u> chi sta parlando per esprimere la propria opinione.
   _____

3. <u>Normalmente</u> i giovani <u>abitano</u> con la famiglia fino ai trent'anni, a volte anche di più.
   _____

4. <u>Normalmente non si beve</u> il cappuccino durante il pranzo o la cena e neanche a fine pasto.
   _____

5. In una cena formale, di solito <u>ci si siede</u> a tavola alternando un uomo e una donna.
   _____

6. Prima di un esame, per augurare buona fortuna, <u>si preferisce dire</u> "in bocca al lupo" e non "tanti auguri".
   _____

7. <u>Normalmente</u> le persone <u>parlano</u> ad alta voce e <u>gesticolano</u>.
   _____

8. <u>Non ci si siede</u> mai a tavola in tredici: dicono che porti sfortuna.
   _____

6) Rifletti sulla lingua

Leggi queste frasi, scegli la forma corretta del verbo e segna se è usato in modo personale (P) o impersonale (I).

	P	I
1. Come dice il proverbio, *è meglio / siamo meglio* essere soli che male accompagnati.	❏	❏
2. Tutti sanno che *occorre / occorrono* riflettere prima di agire.	❏	❏
3. Gli amici *servono / serve* soprattutto nei momenti difficili.	❏	❏
4. A volte *capita / capitano* cose che non riusciamo a spiegare con la ragione.	❏	❏
5. *È meglio / Sono meglio* non voltarsi mai indietro e guardare sempre avanti.	❏	❏
6. Le persone oneste *diventa / diventano* sempre più rare.	❏	❏
7. Le bugie hanno le gambe corte: *conviene / convengono* dire sempre la verità.	❏	❏
8. Per essere felici *bastano / basta* poche cose.	❏	❏
9. Non pensiamo al peggio: *bisogniamo / bisogna* essere ottimisti!	❏	❏
10. *Occorre / Occorrono* perseveranza per raggiungere i propri obiettivi.	❏	❏

Il condizionale

Il condizionale è un modo verbale che ha due tempi:

- il **condizionale semplice**;
- il **condizionale composto**.

Io, al tuo posto, **lavorerei** meno.
Io, al tuo posto, **avrei lavorato** meno.

Condizionale semplice
Forme regolari

	LAVOR**ARE**	METT**ERE**	PART**IRE**
io	lavorer-**ei**	metter-**ei**	partir-**ei**
tu	lavorer-**esti**	metter-**esti**	partir-**esti**
lui/lei/Lei	lavorer-**ebbe**	metter-**ebbe**	partir-**ebbe**
noi	lavorer-**emmo**	metter-**emmo**	partir-**emmo**
voi	lavorer-**este**	metter-**este**	partir-**este**
loro	lavorer-**ebbero**	metter-**ebbero**	partir-**ebbero**

*Il condizionale si costruisce in modo molto simile al futuro: nei verbi in -**are** la "a" dell'infinito diventa "e":*
lavor**are** → lavor**erò** → lavor**erei**

*I verbi che finiscono in -**care** e -**gare** prendono una **h** in tutte le persone.*
*I verbi che finiscono in -**ciare** e -**giare** perdono la **i** in tutte le persone.*

PAGARE	COMINCIARE
pag**h**erei	comincerei
pag**h**eresti	cominceresti
pag**h**erebbe	comincerebbe
pag**h**eremmo	cominceremmo
pag**h**ereste	comincereste
pag**h**erebbero	comincerebbero

Forme irregolari

Tutti i verbi che sono irregolari al futuro lo sono anche al condizionale:
essere → sarò → **sar**ei.

ESSERE	DARE	FARE	STARE
sarei	darei	farei	starei
saresti	daresti	faresti	staresti
sarebbe	darebbe	farebbe	starebbe
saremmo	daremmo	faremmo	staremmo
sareste	dareste	fareste	stareste
sarebbero	darebbero	farebbero	starebbero

Le altre forme irregolari possono essere divise in due gruppi.

Gruppo 1

ANDARE ~~ANDARE~~ **ANDR-**	AVERE ~~AVERE~~ **AVR-**	POTERE ~~POTERE~~ **POTR-**	DOVERE ~~DOVERE~~ **DOVR-**	SAPERE ~~SAPERE~~ **SAPR-**
andrei	avrei	potrei	dovrei	saprei
andresti	avresti	potresti	dovresti	sapresti
andrebbe	avrebbe	potrebbe	dovrebbe	saprebbe
andremmo	avremmo	potremmo	dovremmo	sapremmo
andreste	avreste	potreste	dovreste	sapreste
andrebbero	avrebbero	potrebbero	dovrebbero	saprebbero

VEDERE ~~VEDERE~~ **VEDR-**	CADERE ~~CADERE~~ **CADR-**	VIVERE ~~VIVERE~~ **VIVR-**
vedrei	cadrei	vivrei
vedresti	cadresti	vivresti
vedrebbe	cadrebbe	vivrebbe
vedremmo	cadremmo	vivremmo
vedreste	cadreste	vivreste
vedrebbero	cadrebbero	vivrebbero

Gruppo 2

VENIRE ~~VENIRE~~ **VERR-**	RIMANERE ~~RIMANERE~~ **RIMARR-**	TENERE ~~TENERE~~ **TERR-**	VOLERE ~~VOLERE~~ **VORR-**	BERE ~~BERE~~ **BERR-**
verrei	rimarrei	terrei	vorrei	berrei
verresti	rimarresti	terresti	vorresti	berresti
verrebbe	rimarrebbe	terrebbe	vorrebbe	berrebbe
verremmo	rimarremmo	terremmo	vorremmo	berremmo
verreste	rimarreste	terreste	vorreste	berreste
verrebbero	rimarrebbero	terrebbero	vorrebbero	berrebbero

Condizionale composto

● *Il condizionale composto si forma con il condizionale semplice di **avere** o **essere** + il **participio passato** del verbo.*

> Barbara **sarebbe partita** per il Kenya, ma all'ultimo momento ha avuto dei problemi in famiglia...
> Peccato! **Avrebbe lavorato** per un progetto interessante.

	LAVOR**ARE**		PART**IRE**	
io	**avrei**	lavor**ato**	**sarei**	part**ito/a**
tu	**avresti**	lavor**ato**	**saresti**	part**ito/a**
lui/lei/Lei	**avrebbe**	lavor**ato**	**sarebbe**	part**ito/a**
noi	**avremmo**	lavor**ato**	**saremmo**	part**iti/e**
voi	**avreste**	lavor**ato**	**sareste**	part**iti/e**
loro	**avrebbero**	lavor**ato**	**sarebbero**	part**iti/e**

Uso del condizionale

CONDIZIONALE SEMPLICE	CONDIZIONALE COMPOSTO
● *esprimere desideri nel presente o nel futuro;* Mi **piacerebbe** studiare canto. L'estate prossima **verrei** volentieri in vacanza con voi.	● *esprimere desideri che non si sono realizzati nel passato o che non si possono realizzare nel presente e nel futuro;* Da bambino mi **sarebbe piaciuto** studiare canto (*ma non l'ho fatto*). L'estate scorsa **sarei venuto** volentieri in vacanza con voi (*ma non l'ho fatto*). Domani devo studiare. Peccato! **Sarei venuto** con te al mare (*ma non lo farò*).
● *dare consigli o esprimere opinioni in modo meno diretto;* Fabio, **dovresti** cambiare lavoro. Daniela, al posto tuo io **andrei** dal medico. Mi **sembrerebbe** più giusto dire la verità anche a tuo padre.	● *esprimere disappunto per azioni non realizzate;* Fabio, **avresti dovuto** cambiare lavoro. Daniela, al posto tuo io **sarei andata** dal medico. Mi **sarebbe sembrato** più giusto dire la verità anche a tuo padre.

Il condizionale ⓬

CONDIZIONALE SEMPLICE	CONDIZIONALE COMPOSTO
● *dare notizie non confermate al presente o al futuro;* Secondo indiscrezioni, attualmente il Presidente della Repubblica **sarebbe** in vacanza a Capri.	● *dare notizie non confermate al passato;* Secondo indiscrezioni, l'estate scorsa il Presidente della Repubblica **sarebbe stato** in vacanza a Capri.
● *chiedere qualcosa in modo gentile.* Mi **daresti** un altro foglio, per favore? **Potresti** aiutarmi ad apparecchiare la tavola?	----------
--------------	● *esprimere il "futuro nel passato" cioè un'azione che è futura rispetto ad un momento del passato*.* **Sapevo** benissimo che Luca non **avrebbe accettato** quelle condizioni di lavoro.

* *Per ulteriori approfondimenti sul futuro nel passato vedi i capitoli 17 e 21.*

12 Il condizionale

Per dare un consiglio si usa:

- *un verbo al condizionale alla **1ª persona singolare**:*
  Al posto tuo, **io** andrei a casa.

oppure

- *il verbo **dovere** o **potere** al condizionale alla **2ª persona singolare** + **l'infinito**:*
  (**Tu**) dovresti/potresti andare a casa.

Esercizi

1 Cambiare vita

traccia 12

a. Leggi questo testo e <u>sottolinea</u> i verbi al condizionale, come nell'esempio.
Amelia sta sognando di cambiare vita: "<u>Lascerei</u> subito la mia città, anche domani, e partirei per l'Africa. Lavorerei per una ONG e mi dedicherei soprattutto ai bambini: mi piacerebbe insegnargli a leggere e a scrivere. In quel modo, metterei la mia esperienza di insegnante al servizio di chi ne ha veramente bisogno e mi sentirei più utile alla nostra società. Sarebbe proprio una bella opportunità che mi cambierebbe la vita."

b. Anche Paolo ha gli stessi desideri di Amelia. Trasforma il testo alla 1ª persona plurale.

Amelia e Paolo stanno sognando di cambiare vita: "Lasceremmo subito la nostra città…

c. A volte i desideri diventano realtà. Fra qualche giorno Amelia e Paolo partiranno per l'Africa. Pensa a come dicono le stesse cose e trasforma il testo al futuro.

"Lasceremo la nostra città…

d. Completa queste tabelle coniugando i verbi "cambiare" e "essere".

Cambiare	Condizionale	Futuro
io		
tu		
lui/lei/Lei	*cambierebbe*	*cambierà*
noi		
voi		
loro		

Essere	Condizionale	Futuro
io	*sarei*	*sarò*
tu		
lui/lei/Lei		
noi		
voi		
loro		

Che somiglianze ci sono tra il condizionale e il futuro?

12 Il condizionale

2 Ognuno porta qualcosa

Laura ha molti amici stranieri e sta organizzando una festa internazionale con la collaborazione di tutti. Coniuga al condizionale semplice i verbi e poi cerca di capire con quale amico Laura sta parlando.

| Pablo (Spagna) | Jean (Scozia) | Aida (Marocco) | Valérie (Francia) |
| Yutta (Austria) | Heleni (Grecia) | Xiao Yi e Yen (Cina) | Takako (Giappone) |

_____ (*tu - fare*) lo *tzatziki*? _____ (*andare*) benissimo per l'antipasto!

_____ (*tu - potere*) portare del salmone affumicato? _____ (*essere*) perfetto per delle tartine!

Ci _____ (*tu - preparare*) una bella *tempura*?

Ci _____ (*piacere*) assaggiare il tuo *cous-cous*. Ce lo fai?

E tu _____ (*pensare*) al dolce? _____ (*avere*) voglia di preparare una torta Sacher?

E voi _____ (*portare*) degli involtini primavera? A tutti _____ (*piacere*) molto!

Mi _____ (*tu - aiutare*) a fare il *gazpacho*? Non so come si fa...

E infine _____ (*mancare*) il vino. Ne _____ (*tu - portare*) qualche bottiglia?

3 Consigli

Leggi le situazioni e poi abbinale al consiglio corrispondente. Per poterlo fare devi inserire al posto giusto i verbi della lista, coniugandoli al condizionale semplice.

| potere | leggere | riposarsi | comprare | uscire |
| bere | saltare | fare | *pensare* | rimanere |

SITUAZIONE	CONSIGLIO
1. Ho così tanto sonno che non riesco a tenere gli occhi aperti…	a. Ma sei matta?? Io non ci *penserei* due volte e _____ con lui!
2. Filippo mi ha chiesto se voglio andare con lui alla Sagra della Fragola, ma io devo studiare per l'esame della patente…	b. Io _____ dei bucatini all'amatriciana* e _____ il secondo. E per dolce _____ fare una bella macedonia.
3. Che cosa portiamo a Cinzia per la cena di stasera?	c. Ma sta nevicando e fa un freddo cane! Io _____ a casa e _____ un bel libro.
4. Non so se andare a sciare o se restare a casa…	d. Io _____ un paio di bottiglie di Nebbiolo che è un ottimo vino rosso da pasto.
5. Che cosa faccio da mangiare questa sera? Vengono Luigi e Vicky a cena…	e. Al posto tuo io mi _____ un caffè doppio o, anzi, _____ un po': dopo un bel pisolino ti sentirai meglio!

1 / _____   2 / _____   3 / _____   4 / _____   5 / _____

*Se vuoi sapere come si preparano i bucatini all'amatriciana, vai a pag. 97.

4 Castelli in aria

Completa i 3 testi a pagina 81 con i verbi al condizionale semplice e poi indica in quale dei tre castelli pubblicizzati qui sotto vorrebbero alloggiare queste persone.

Immaginate per un momento di poter trascorrere un fine settimana da sogno in un castello. Quale di questi alberghi "principeschi" **scegliereste** (voi - scegliere)?

Castelli d'Italia

Hotel "Schloss Mondschein"	Hotel "Il castello del Cinghiale"	Hotel "Le Ville"
Questo magnifico castello medievale, ristrutturato nel 2019, è ora un accogliente albergo di prima categoria. Si trova in una zona tranquilla, circondato da castagni e vigneti: perfetto per una vacanza rilassante e raffinata.	Situato nel cuore della Maremma, questo castello del XVI secolo offre ai suoi ospiti una vacanza unica: mare, equitazione e passeggiate nella natura sono a portata di mano. Ottima cucina con specialità tipiche e prodotti fatti in casa.	Elegante castello del Settecento, trasformato in albergo con camere spaziose e confortevoli. Situato nei pressi di Vicenza, magnifica città d'arte, offre anche la possibilità di visitare le famose ville cinquecentesche del Palladio.

Giorgio e Francesca

Francesca: "Sia io che mio marito siamo appassionati d'arte e i nostri due figli studiano al liceo classico. Questa _____ (*essere*) un'ottima soluzione. A Giorgio _____ (*piacere*) visitare quella zona perché non ci è mai stato. Io invece ci _____ (*andare*) volentieri per rivedere quei capolavori del Rinascimento che mi hanno sempre affascinato. E, infine, i nostri figli _____ (*vedere*) dal vivo quello che studiano solo sui libri e _____ (*noi - fare*) una vacanza «intelligente», diversa dalle solite. Qualche giorno all'Hotel _____ è quello che abbiamo sempre sognato".

Mauro e Anna

Mauro: "_____ (*volere*) concederci un po' riposo. _____ (*essere*) bello passare qualche giorno in una zona tranquilla, fuori dal caos dei grandi centri urbani e turistici. Nel tempo libero ci dedichiamo all'enologia e stiamo frequentando un corso per sommelier: in questa zona _____ (*avere*) l'opportunità di «mettere in pratica» i nostri studi. Per questo non abbiamo dubbi sulla scelta: l'Hotel _____!"

Paolo e Teresa

Teresa: "Paolo ama camminare, io invece preferisco prendere il sole. Alba e Francesca, le nostre due bambine, adorano gli animali. Cosa vuoi di più? Un albergo da sogno, comode spiagge per me, una natura intatta per Paolo. Le nostre figlie _____ (*andare*) a cavallo e _____ (*divertirsi*) moltissimo, io _____ (*passare*) la giornata in acqua, mio marito ogni mattina _____ (*partire*) per lunghe gite nell'interno. E la sera, tutti insieme al castello, _____ (*assaggiare*) le specialità della cucina toscana. Queste sono le ragioni per cui l'Hotel _____ è il luogo ideale per noi".

5 *Castelli... infranti*

Purtroppo le persone intervistate non sono riuscite a passare neanche un giorno in quei castelli. I loro sogni non si sono realizzati: ora raccontano quello che avrebbero potuto fare. Trasforma i testi dell'esercizio 4 utilizzando il condizionale composto invece del condizionale semplice.

Giorgio e Francesca
Eh, sì, quella *sarebbe stata* un'ottima soluzione! A Giorgio…

Mauro e Anna
Peccato! *Avremmo voluto* concederci un po' di riposo…

Paolo e Teresa
Sarebbe stata la vacanza ideale per tutti. Le nostre figlie *sarebbero andate* a cavallo e…

6 Chat di famiglia

Leggi questi messaggi che Sofia, Francesco, Giulia e Leo si mandano sulla chat di famiglia. Completa le risposte coniugando i verbi tra parentesi al condizionale composto e inserendo l'aggettivo adeguato, fra quelli della lista.

dormiglione/a   ritardatario/a   tirchio/a   irascibile
permaloso/a   secchione/a   abitudinario/a

Sofia
Ciao a tutti, ieri ho festeggiato il compleanno con i miei amici, ho offerto una birra a tutti: siamo andati nel locale di via Plinio.
Bel posto, andateci!

Leo
Ma hai offerto solo una birra? Al posto tuo io _____ (offrire) almeno una pizza.
Sei la solita _____!

Francesco
Ehi, fratelli! Che cosa avete fatto di bello sabato? Io ho studiato TUTTO il giorno per l'esame. Voglio prendere 30 ☺

Leo
Nooooo! Non _____ (dovere) passare la domenica sui libri, al posto tuo _____ (uscire) con gli amici…
Sei il solito _____!

Giulia
Ciao, sono alla stazione e sto aspettando il prossimo treno. Ho perso quello delle 17.05. Non riesco ad arrivare al ristorante per le 20, arriverò un quarto d'ora dopo. Cominciate a ordinare. Scusatemi ☹

Francesco
Hai perso il treno?? Un'altra volta??
Sei uscita dal lavoro troppo tardi, immaginavo che non _____ (arrivare) in tempo neanche questa volta! Sei la solita _____!

Leo
Ciao, ho appena prenotato una settimana al mare, a Chiavari. Solito agriturismo, solita spiaggia.

Francesco
Sapevo che _____ (tornare) a Chiavari anche questa volta.
_____ (potere) cambiare posto, sono quattro anni che vai lì. Sei il solito _____!

Francesco
Ehi, sapete cosa mi ha appena detto lo zio? Che sono troppo pigro, che non mi muovo a sufficienza e che dovrei fare un po' di sport! Mi critica sempre! Abbiamo litigato anche oggi. Non andrò più a trovarlo.

Sofia
Sapevo che _____ (litigare) ancora.
Al posto tuo, io gli _____ (rispondere) che anche lui ha bisogno di fare sport ☺.
Dai, rilassati. Devi imparare ad accettare i giudizi degli altri. Sei il solito _____!

Giulia
Ciao ragazzi, non sono più andata con Cristina a fare la gita sul Lago di Como. Ero stanca, volevo dormire e sono stata a letto fino a mezzogiorno.

Sofia
Peccato, _____ (divertirsi) e il lago di Como ti _____ (piacere) tantissimo. Sei la solita _____!

Sofia
Ciao, oggi sono arrabbiatissima. Un collega ha sbagliato un preventivo per un progetto importante. Mi sono infuriata!!! Ho urlato così tanto che mi hanno sentito tutti!

Leo
Sofia, invece di urlare, _____ (dovere) mantenere la calma. Al posto tuo gli _____ (spiegare) tranquillamente perché ha sbagliato: _____ (essere) più utile! Sei la solita _____!

7 "Il condizionale è d'obbligo"
Leggi le seguenti notizie e, quando necessario, trasforma i verbi al condizionale semplice o composto.

a. Ieri sera un cittadino statunitense è stato aggredito da due malviventi. Secondo i testimoni, i ladri sono già conosciuti in zona per piccoli furti. Non si conosce esattamente la dinamica del fatto: i due hanno cercato di rubare lo smartphone, il turista si è difeso e loro sono scappati in motorino.

b. Secondo dati non ancora confermati ufficialmente, una università italiana ha scoperto un nuovo farmaco contro l'emicrania, patologia che colpisce in Italia 15 milioni di persone. Secondo alcune fonti, il farmaco è in via di sperimentazione da circa due anni e dà ottimi risultati.

c. Secondo voci non confermate, le condizioni di salute delle due gemelle siamesi ricoverate al Gaslini di Genova sono migliorate. Secondo fonti non ufficiali, le due bambine lasceranno l'ospedale tra pochi giorni.

d. Secondo alcuni operai testimoni del fatto, la grande nave da crociera in costruzione nei cantieri di Porto Marghera è stata attaccata dalle fiamme durante una fase della lavorazione. Sconosciute le ragioni del rogo: secondo i pompieri, il fuoco è partito da una delle cabine mentre, secondo la società, si tratta di un errore umano. La perizia ufficiale dell'incidente inizierà entro la fine del mese.

8 Rifletti sulla lingua
A che cosa serve il condizionale? Segna con una X quali funzioni esprime in ogni esercizio. Ci possono essere più funzioni nello stesso testo.

	esprimere desideri	dare consigli o esprimere opinioni	esprimere disappunto	dare notizie non confermate	chiedere qualcosa in modo gentile	esprimere il futuro nel passato
Cambiare vita						
Ognuno porta qualcosa						
Consigli						
Castelli in aria						
Castelli infranti						
Sei il solito...!						
"Il condizionale è d'obbligo"						

Concordanze dei tempi dell'indicativo

Frase principale al presente

So che
presente

- *azione futura* →
  Marco **andrà / va** in montagna la settimana prossima.
  futuro/presente → *per indicare un'azione futura rispetto a quella della principale*

- *azione contemporanea* →
  Marco **va** in montagna.
  presente → *per indicare un'azione contemporanea a quella della principale*

  Marco **sta andando** in montagna.
  "stare + gerundio" al presente → *per indicare un'azione in corso*

- *azione passata* →
  Marco **è andato** in montagna la settimana scorsa.

  Marco, da bambino, **andava** spesso in montagna.
  passato prossimo o imperfetto → *per indicare un'azione passata rispetto a quella della principale, secondo le funzioni tipiche dei due tempi (vedi capitoli ad essi relativi)*

Frase principale al passato

Ho saputo che
passato prossimo

Sapevo che
imperfetto

Avevo saputo che
trapassato prossimo

Seppi che
passato remoto

- *azione futura* →
  Marco **sarebbe andato / andava** in montagna la settimana dopo.
  condizionale composto / imperfetto → *per indicare un'azione futura rispetto a quella della principale*

- *azione contemporanea* →
  Marco **andava** in montagna.
  imperfetto → *per indicare un'azione contemporanea a quella della principale*

  Marco **stava andando** in montagna.
  "stare + gerundio" all'imperfetto → *per indicare un'azione in corso*

- *azione passata* →
  Marco **era andato** in montagna la settimana prima.

  Marco, da bambino, **andava** spesso in montagna.
  trapassato prossimo o imperfetto → *per indicare un'azione passata rispetto a quella della principale, secondo le funzioni tipiche dei due tempi (vedi capitoli ad essi relativi)*

Ricorda! Il tempo verbale della frase subordinata dipende dalla relazione di tempo che essa ha con la frase principale

Esercizi

1 *La scala dei tempi*
a. Leggi questo testo e scrivi su ogni gradino della scala il verbo che si riferisce ad ogni giorno della settimana, come nell'esempio.

Oggi ho molto lavoro da fare perché ieri mi ha scritto l'ingegner Filippetti per dirmi che il giorno prima aveva firmato il contratto con lo studio dell'architetto Marchesini. Domani verrà in ufficio e venerdì organizzeremo una riunione con tutti i colleghi.

b. Trasforma al passato il testo. Attenzione! Cambiando il tempo "di partenza" cambiano anche tutti gli altri.

Mercoledì scorso avevo molto lavoro da fare perché il giorno prima mi aveva scritto l'ingegner Filippetti per dirmi che

_____

_____

_____

c. Adesso completa questa scala e confrontala con la precedente.

13 Concordanze dei tempi dell'indicativo

I verbi italiani

2 Che dimenticanza!
Scegli il tempo verbale corretto.

Qualche giorno fa il signor Giovanni B., 80 anni, pensionato, *ha perso / perdeva* un'occasione da 35 milioni di euro. Come? Da molto tempo, serio e puntuale, ogni settimana *giocava / aveva giocato* al lotto sempre gli stessi numeri e *ha speso / spendeva* un euro. Ma il 3 agosto scorso *si dimenticava / si è dimenticato* di giocarli e quei numeri *sono usciti / erano usciti*. "Quel giorno *mi ero dimenticato / mi dimenticavo* di giocare… un vero peccato" ha detto il pensionato con molta calma e sangue freddo. Quando il signor Giovanni ha saputo che *aveva perso / ha perso* l'occasione della sua vita, ha detto semplicemente che gli dispiaceva perché *avrebbe potuto / potrebbe* fare un po' di regali a parenti e nipotini. E poi ha aggiunto che *era / era stato* convinto che un giorno o l'altro *vincerebbe / avrebbe vinto*. Il signor Giovanni, però, non *si era arreso / si arrende*: "Fra qualche settimana *ricomincerò / ricomincerebbe* a giocare ancora e sempre gli stessi numeri. Forse *ci sarà stata / ci sarà* un'altra occasione!"

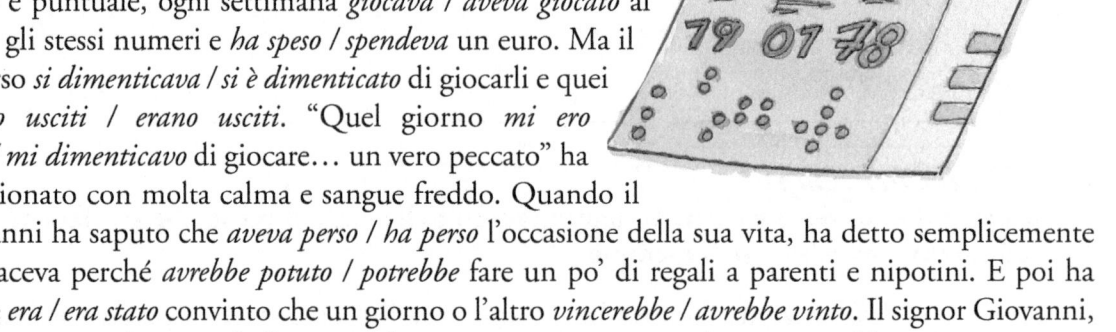

3 Giro del mondo in… bicicletta
Completa il testo mettendo i verbi al modo e tempo verbale corretti. Puoi scegliere tra presente, passato prossimo, trapassato prossimo, imperfetto e condizionale composto. I verbi sono in ordine.

traccia 13

| cominciare | attraversare | avere | volere | essere |
| piacere | essere | fare | sapere | essere | dare |

Due ragazzi francesi, Xavier e Isabelle Vayron, sono stati protagonisti di un viaggio molto speciale che è durato due anni ed _____ e finito in bicicletta. Pedalando pedalando i due ragazzi _____ cinque continenti. "Il nostro viaggio _____ una missione precisa" - racconta Isabelle - "_____ registrare musiche locali tradizionali e condividerle online. Ma la musica _____ solo un pretesto, in realtà ci _____ anche l'idea di incontrare gente, sentire voci, vedere volti, scoprire culture diverse dalla nostra. Molti ci avevano detto che _____ pazzi e che forse _____ male il conto dei chilometri da percorrere. Invece, già prima della partenza, noi _____ benissimo che _____ un'esperienza estremamente faticosa, ma che ci _____ grandi emozioni."

E infatti è stato così. Al ritorno in Francia, i due ragazzi hanno deciso di condividere il loro viaggio con tutti quelli che lo desiderano: basta visitare il sito *paris-pekin.org* per partecipare a ogni emozione e a ogni istante dell'incredibile avventura.

4 Dal sogno alla realtà

a. Completa il testo con i verbi della lista.

| faceva | ho pensato | ho iniziato | ero | mi sentivo | era appena andato | sono rimasta |
| sarebbe cambiata | ho preso | ho dato | raccontava | sono | rientrava | sopportavo |

Anna Bastianon, 35 anni, un mese fa ha fatto quello che lei chiama "il grande salto": da segretaria a tassista. "Era un'idea che avevo in testa da quando _____ bambina. Mio papà _____ il tassista e quando _____ dal lavoro _____ sempre storie divertenti sui suoi clienti. Poi non ci _____ più e _____ a lavorare in una grande azienda, dove _____ per 15 anni. Un paio di anni fa _____ insoddisfatta del mio lavoro e non _____ più gli orari fissi dell'ufficio. In quel periodo mio padre _____ in pensione e così io _____ la sua licenza e _____ le dimissioni dall'azienda. Ero sicura che la mia vita _____ in meglio: adesso _____ molto più serena e non cambierei il mio lavoro per nulla al mondo."

b. Coniuga i verbi al tempo corretto: puoi scegliere tra presente, imperfetto, passato prossimo, trapassato prossimo, futuro, condizionale composto.

Ernestina Ruffo oggi ha 59 anni e all'età di 50 anni ha avuto il coraggio di rivoluzionare la sua vita. Ci racconta come è andata. "Ho lavorato per molti anni in un'agenzia di pubblicità, poi a 40 anni _____ (aprire) un mio studio di grafica. Ma già allora _____ (avere) un sogno nel cassetto: _____ (volere) aprire un ristorante. _____ (avere) una casa al lago d'Orta e un giorno ho saputo che lì vicino _____ (loro - cercare) un gestore per una trattoria. Non _____ (io - avere) molti soldi e mi sono detta: «Se non comincio da qui, non lo _____ (fare) mai». Così io e mia figlia _____ (prenderla) in gestione. _____ (inaugurarla) con una festa il giorno di Sant'Antonio, quando si ammazza il maiale. In quel periodo io _____ (finire) da poco un corso per sommelier ed _____ (fare) uno stage da uno dei migliori cuochi italiani. Mi avevano detto che _____ (essere) difficile, ma io ci ho creduto ed è andata bene. Qualche anno dopo mia figlia mi _____ (proporre) di trasferirci in Liguria, a Sestri Levante, e così _____ (noi - aprire) la nostra "Trattoria della Mandrella". La parte più divertente del mio nuovo lavoro è la creazione di nuovi piatti: ogni settimana _____ (io - inventare) ricette con i fiori, i menù colorati a base di rosso, giallo, verde; poi _____ (noi organizzare) serate a tema con piatti al formaggio, ai funghi, alla cioccolata. _____ (noi - avere) la lista di dolci più lunga della città. _____ (io - realizzare) il mio sogno, ma mi sembra ancora di sognare."

13 Concordanze dei tempi dell'indicativo

5 *Lettera a un'amica*
Julia ha partecipato al programma Erasmus e ha passato due semestri in un'università italiana. Ha scritto un'e-mail alla sua amica Ingrid, che tra qualche giorno partirà per l'Italia per fare la stessa esperienza. Completa il testo con i tempi verbali corretti.

Nuovo messaggio

A: @ingrid
Oggetto: Erasmus

Cara Ingrid,
come stai? Io benissimo, ma sono un po' triste perché tra un mese _____ (*dovere*) tornare a Madrid. I mesi passati in Italia _____ (*essere*) molto belli e divertenti anche se, quando _____ (*arrivare*), non _____ (*essere*) facile. _____ (*dovere*) cercare un appartamento da condividere con altri studenti e qui a Milano gli affitti _____ (*essere*) molto cari. Ero giù di morale anche perché _____ (*avere*) problemi con la lingua: _____ (*capire*) l'italiano ma non _____ (*riuscire*) a parlarlo. Per fortuna all'università _____ (*organizzare*) corsi di italiano proprio per noi studenti Erasmus: li _____ (*frequentare*) e così, nel giro di qualche mese, _____ (*potere*) seguire le lezioni e _____ (*dare*) sei esami in un anno! Nella tua e-mail mi dici che _____ (*essere*) un po' preoccupata perché _____ (*essere*) qui da sola e non _____ (*conoscere*) la città. Quando sono arrivata a Milano anch'io ero molto confusa, ma tutti mi dicevano che _____ (*abituarsi*) in fretta: ti sembrerà strano, ma è stato proprio così! _____ (*tu - vedere*) che sarà tutto molto più facile del previsto: dopo che _____ (*superare*) l'impatto dei primi giorni, _____ (*trovarsi*) benissimo. La prima cosa che dovrai fare quando _____ (*andare*) all'Università è presentarti all'Ufficio Affari Internazionali con i tuoi documenti, così _____ (*loro - potere*) registrare il tuo arrivo. Solo dopo che ti _____ (*loro - dare*) il tuo numero di matricola come studente straniero, _____ (*potere*) accedere a tutti i servizi dell'università e _____ (*avere*) diritto alla tessera per i mezzi pubblici con la tariffa per gli studenti. Anch'io, prima di venire qui, sapevo che _____ (*io - avere*) dei momenti di difficoltà: naturalmente ci sono stati, ma il mio soggiorno in Italia è stato talmente positivo che _____ (*rifare*) tutto volentieri!
In bocca al lupo, allora!
A presto, baci
Julia

6 I pensieri di nonno Domenico
Leggi questo testo e poi trasformalo al passato facendo tutti i cambiamenti necessari, come nell'esempio sotto.

Sorrento, 10 agosto, ore 15:10. È una bellissima giornata di sole: sono in spiaggia sdraiato sotto l'ombrellone e sto dormendo. Mi sveglio perché suona il cellulare. Torno improvvisamente alla realtà: è mio figlio Massimiliano che mi telefona da Londra per dirmi che è diventato papà. Si è sposato due anni fa con una ragazza inglese e oggi è nata Gabriella. Mi alzo di botto, picchio la testa contro l'ombrellone, comincio a camminare sulla spiaggia senza una direzione precisa. Sono così confuso e felice che non vedo dove metto i piedi. Appena finisco di parlare con lui, comunico la bella notizia a mia moglie, a parenti e amici. Tutti mi dicono: "Auguri, nonno Domenico!" Mi siedo sotto l'ombrellone e comincio a pensare... "Io nonno?" Sono contento, ma mi sento improvvisamente vecchio. Per di più, penso anche che la mia nipotina crescerà in Inghilterra, parlerà inglese e non ci capiremo mai. Mi domando come farò a giocare con lei, come le chiederò un bacino, come le dirò "Gabriè, bell'o nonno, damme nu vase"*. Che cosa posso fare? Studierò l'inglese... o forse no: le insegnerò il napoletano, così non dimenticherà mai le sue radici italiane!

* *"Gabriella, bella del nonno, dammi un bacio", in dialetto napoletano.*

Cinque anni dopo, sulla stessa spiaggia di Sorrento, Gabriella sta giocando con nonno Domenico: i due vanno molto d'accordo e si capiscono benissimo... Il nonno ripensa al giorno in cui ha ricevuto la notizia della nascita della nipotina...

Il 10 agosto di cinque anni fa era una bellissima giornata di sole: ero in spiaggia sdraiato sotto l'ombrellone...

L'imperativo

- L'imperativo è un modo che si usa con quattro persone: tu, Lei, noi, voi.

> Paolo, **metti** una firma qui! *(tu)*
> Signor Pesenti, **metta** una firma qui! *(Lei)*
> **Mettiamo** una firma qui! *(noi)*
> Ragazzi, **mettete** una firma qui! *(voi)*

- Esiste anche l'imperativo con "Loro", ma è molto formale; per questo di solito si usa il "voi".

> Signori, **mettano** una firma qui! *(Loro)*
> Signori, **mettete** una firma qui! *(voi)*

- L'imperativo con "voi", quindi, è usato sia per il plurale informale (tu ➔ voi) che per il plurale formale (Lei ➔ voi).

> Guido e Pietro, **mettete** una firma qui!
> Signori Pesenti, **mettete** una firma qui!

Forme regolari

L'imperativo si forma così:

- con **"TU"**:
  i verbi che finiscono in **-are** prendono una **-a**;
  i verbi che finiscono in **-ere** e **-ire** prendono una **-i**;

> Nicola, ascolt**a** il mio consiglio: prend**i** le tue decisioni con calma e segu**i** il tuo istinto.

- con il **"LEI"** formale:
  i verbi che finiscono in **-are** prendono una **-i**;
  i verbi che finiscono in **-ere** e **-ire** prendono una **-a**;

> Signor Vizzo, ascolt**i** il mio consiglio, prend**a** le Sue decisioni con calma e segu**a** il Suo istinto.

- con **"NOI"** e **"VOI"**:
  l'imperativo si coniuga come il presente indicativo.

> Ragazzi, ascolt**ate** il mio consiglio, prend**ete** le vostre decisioni con calma e segu**ite** il vostro istinto.

	TU	LEI (formale)	NOI	VOI (informale e formale)
ascoltare	ascolt-**a**	ascolt-**i**	ascolt-**iamo**	ascolt-**ate**
prendere	prend-**i**	prend-**a**	prend-**iamo**	prend-**ete**
seguire	segu-**i**	segu-**a**	segu-**iamo**	segu-**ite**
finire	fin-**isc-i**	fin-**isc-a**	fin-**iamo**	fin-**ite**

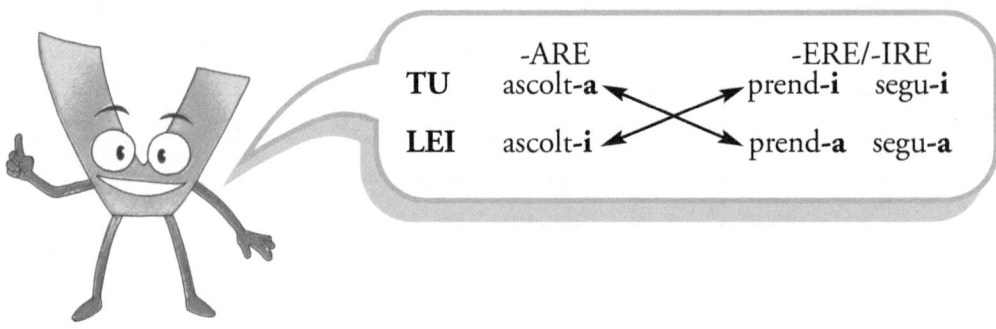

	-ARE	-ERE/-IRE
TU	ascolt-**a**	prend-**i** segu-**i**
LEI	ascolt-**i**	prend-**a** segu-**a**

Forme irregolari

	TU	LEI (formale)	NOI	VOI (informale e formale)
andare	**va'/vai**	**vada**	andiamo	andate
fare	**fa'/fai**	**faccia**	facciamo	fate
dare	**da'/dai**	**dia**	diamo	date
stare	**sta'/stai**	**stia**	stiamo	state
dire	**di'**	**dica**	diciamo	dite
essere	**sii**	**sia**	siamo	**siate**
avere	**abbi**	**abbia**	abbiamo	**abbiate**
sapere	**sappi**	**sappia**	sappiamo	**sappiate**
uscire	esci	**esca**	usciamo	uscite
raccogliere	raccogli	**raccolga**	raccogliamo	raccogliete
rimanere	rimani	**rimanga**	rimaniamo	rimanete
salire	sali	**salga**	saliamo	salite
scegliere	scegli	**scelga**	scegliamo	scegliete
spegnere	spegni	**spenga**	spegniamo	spegnete
tenere	tieni	**tenga**	teniamo	tenete
togliere	togli	**tolga**	togliamo	togliete
venire	vieni	**venga**	veniamo	venite

Nei verbi *andare, fare, dare, stare, dire*, l'apostrofo alla fine della parola indica la caduta della *i*: va**i̸** → **va'**.

La 3ª persona singolare e plurale dell'imperativo *(Lei/Loro)* è uguale al congiuntivo presente *(vedi il capitolo 15)*.

Forme negative

- *L'imperativo negativo con "TU" si forma con* **non + infinito**.

- *Per tutte le altre persone:* **non + imperativo**.

Nicola, **non prendere** decisioni senza riflettere.

Signor Vizzo, **non prenda** decisioni senza riflettere.

Ragazzi, **non prendete** decisioni senza riflettere.

	TU	LEI (formale)	NOI	VOI (informale e formale)
ascoltare	**non** ascolt**are**	**non** ascolt**i**	**non** ascolt**iamo**	**non** ascolt**ate**
prendere	**non** prend**ere**	**non** prend**a**	**non** prend**iamo**	**non** prend**ete**
seguire	**non** segu**ire**	**non** segu**a**	**non** segu**iamo**	**non** segu**ite**

Uso dell'imperativo

La parola "imperativo" viene dal latino "imperare" che significa "comandare". In realtà, non serve solo per "dare ordini", ma ha anche altre funzioni molto più utilizzate nella comunicazione quotidiana. Infatti si usa per:

- *richiamare l'attenzione;*

  - **Senta, scusi,** per Piazza Mazzini?

- *dare istruzioni;*

  - **Prenda** la prima a destra. Al semaforo **giri** a sinistra e poi **segua** sempre le indicazioni per il centro storico.

- *dare consigli;*

  - Dottore, come posso fare per restare in salute?
  - **Non mangi** dolci, **non beva** alcolici e **cammini** almeno 15 minuti al giorno.

- *dare il permesso di fare qualcosa;*

  - Che caldo! Marco, posso aprire la finestra?
  - Sì, **aprila, aprila** pure!

- *dare ordini.*

  - Bambini, **state** un po' fermi, **non gridate** e **smettete** di fare rumore!

L'imperativo 14

Esercizi

1 *Formale o informale?*
Leggi le frasi e segna se l'imperativo usato è con il "tu" o con il "Lei".

	tu	Lei
1. Scusa, dov'è Via Giovanna D'Arco?	❏	❏
2. Scriva nome e cognome in stampatello.	❏	❏
3. Senti, perché non andiamo a piedi anziché in macchina?	❏	❏
4. Non compri questo modello, prenda l'altro: è più economico.	❏	❏
5. Scusi, posso passare? Devo solo chiedere un'informazione.	❏	❏
6. Compili il modulo e lo mandi a questo indirizzo mail.	❏	❏
7. Spegni il cellulare, per favore.	❏	❏
8. Senta, dov'è la fermata del 7?	❏	❏

2 Come si fa?
Completa i dialoghi con le desinenze dell'imperativo. Se hai bisogno di aiuto, guarda gli infiniti delle liste.

In ufficio

sentire	aprire	cliccare	selezionare	scegliere
scrivere	aggiungere	inserire	premere	guardare

- ■ Chiara, sent_____, sai come si fa a usare Teams? Devo fare una videochiamata...
- □ Sì, è facile. Apr_____ l'applicazione e clicc_____ sull'icona del calendario. Selezion____ "nuovo evento" e scegl____ la data. Scriv_____ il tema dell'incontro nella casella "aggiung___ titolo", inserisc___ l'indirizzo e-mail del destinatario e l'orario. Chiaro?
- ■ Sì, fin qui ho capito.
- □ Bene. Adesso per spedirlo prem____ "invia". Per vedere se il tuo invito è stato mandato, guard_____ nel calendario.
- ■ Grazie mille, adesso faccio una prova.

In albergo

puntare	premere	scusare	dire	usare	premere

- ■ Buongiorno, chiamo dalla camera 14. Potrebbe dirmi come si spegne l'aria condizionata?
- □ Sì, certo, signora. Punt____ il telecomando verso il condizionatore e prem____ due volte il tasto in alto a destra.
- ■ Grazie, molto gentile. Mi scus_____, posso farLe un'altra domanda?
- □ Certo, mi dic___.
- ■ Come si fa a regolare la velocità dell'aria e la temperatura?
- □ Per regolare la velocità us_____ il tasto con il simbolo del vento e per la temperatura prem___ i tasti con le frecce: verso l'alto per aumentarla e verso il basso per ridurla.
- ■ Molte grazie.
- □ Di nulla.

simbolo del vento

frecce

L'imperativo

14

L'imperativo 14

3 Vivi in un mondo migliore!
Ricostruisci la poesia: completa il testo con l'imperativo informale singolare (tu) e poi cerca la seconda parte di ogni frase nella colonna di destra. Lasciati trasportare dalla rima!

Il decalogo dei CoCoRiCò*
COnsumatori, COscienti, RIciclanti, COmpatibili

1. Guardati intorno e non _____ (*fare*) rum<u>ore</u>.
2. _____ (*pensare*) e _____ (*agire*) nel bene di tutti:
3. _____ (*usare*) i piedi e in macchina non _____ (*andare*):
4. Non _____ (*calpestare*) chi sembra perdente:
5. _____ (*piantare*) un albero anche in città:
6. _____ (*consumare*) di meno, che non ti fa male:
7. _____ (*scegliere*) prodotti con poco imballaggio:
8. _____ (*riciclare*) carta, vetro, lattine:
9. _____ (*sorridere*) per strada a chi è pensieroso:
10. Non _____ (*stare*) da solo, ma _____ (*cercare*) altra gente

a. in un mondo più pulito potrai respirare.
b. scende lo spreco, sale il morale.
c. ricorda che il mondo l'hai avuto in omaggio.
d. meno discariche, più materie prime.
e. accendi il cervello, spegni il televis<u>ore</u>.
f. un mondo di forti non serve a un bel niente.
g. il seme che pianti darà buoni frutti.
h. di un mondo diverso sarai orgoglioso.
i. per rendere la Terra un po' più accogliente!
l. l'effetto serra, vedrai, sparirà.

(adattato da *Come solidarietà*)

1. __E__ 2._____ 3._____ 4._____ 5._____ 6._____ 7._____ 8._____ 9._____ 10._____

4 Viaggia in modo diverso!
Completa il testo con i verbi all'imperativo informale singolare (tu). I verbi sono in ordine.

visitare andare guardare ascoltare chiedere viaggiare fare essere imparare avere comprare spendere cercare rimanere provare

1. Non ___*visitare*___ solo i musei: è bello conoscere anche il presente e non solo il passato.
2. _____ in un bar e _____ la gente che c'è: se qualcuno ti parla, _____ quello che ti dice!
3. Per strada, _____ informazioni a qualcuno con la faccia simpatica: la miglior guida turistica è chi abita nel posto.

4. _____ da solo o con il tuo partner. Non _____ viaggi di gruppo: anche se sono meno faticosi, non ti permettono di entrare nella cultura del Paese che stai visitando.

5. _____ aperto: osserva come vivono gli altri e _____ il più possibile da loro. Le differenze arricchiscono l'anima.

6. Se non parli la lingua, non _____ paura: c'è sempre un modo per comunicare.

7. Non _____ troppe cose: _____ i soldi a teatro, al ristorante o per un'escursione.

8. Non _____ di vedere il mondo in un mese: _____ in una città almeno 4 o 5 giorni. È meglio che visitare 5 città in una settimana!

9. Visita pure i monumenti più importanti, ma _____ anche a passeggiare senza meta per il piacere di scoprire da solo qualcosa che cambierà la tua vita.

(adattato da Paulo Coelho, *Il mio diverso modo di viaggiare*)

5 *In quali situazioni si trovano queste persone?*
Completa questi dialoghi con i verbi all'imperativo formale singolare (Lei).

1. ■ _____ (*venire*) pure, tocca a Lei. _____ (*compilare*) il modulo in tutte le sue parti.
   □ Ha una penna?
   ■ Ecco, _____ (*tenere*). _____ (*scrivere*) in stampatello. _____ (*indicare*) il Suo paese di origine, la Sua data di nascita, la residenza e il numero di passaporto. Quando ha finito _____ (*dare*) questa ricevuta allo sportello n° 5 e _____ (*attendere*) il suo turno.

2. ■ _____ (*scusare*), posso chiederLe una cosa?
   □ _____ (*dire*) pure.
   ■ Devo stare a letto o posso alzarmi?
   □ Può alzarsi, ma _____ (*stare*) attento quando si muove, non _____(*togliere*) la fasciatura e _____ (*usare*) sempre le stampelle.
   ■ E se mi fa male?
   □ In quel caso, _____ (*rimanere*) a letto e vedrà che tra pochi giorni andrà meglio. _____ (*sapere*) che per guarire ci vuole pazienza, _____ (*avere*) fiducia!

3. □ _____ (*sentire*), sono in Piazza Garibaldi, come faccio a venire da Lei?
   ■ _____ (*andare*) sempre dritto fino al secondo semaforo, _____ (*prendere*) la seconda strada a destra e _____ (*attraversare*) la piazza: è l'edificio giallo proprio lì davanti. Non può sbagliare. _____ (*entrare*), _____ (*salire*) al secondo piano e _____ (*chiedere*) di me.

Hai capito che situazioni sono?

Situazione 1: _____   Situazione 2: _____   Situazione 3: _____

L'imperativo con i pronomi

Quando è accompagnato da pronomi, l'imperativo si costruisce così:

- *con **"TU"**, **"NOI"**, **"VOI"** il pronome si mette **dopo** il verbo e forma con esso una sola parola;*

| Devi scrivere questa e-mail, è urgente, scrivi**la** subito! |

Dobbiamo scrivere questa e-mail, è urgente, scriviamo**la** subito!

Dovete scrivere questa e-mail, è urgente, scrivete**la** subito!

- *con il **"LEI"** formale, invece, il pronome si mette **prima** del verbo;*

Deve scrivere questa e-mail, è urgente, **la** scriva subito!

- *con le forme **di', fa', va', da', sta'** + un pronome o le particelle "ci" e "ne" la **consonante raddoppia**.*

Dimmi la verità! **Dimmela**, per favore!

Fa' la spesa, **falla** subito!

Va' alla stazione, **vacci** appena puoi!

Quando arriva Mauro, **dagli** le chiavi dell'ufficio.

Attenzione: con il pronome "gli", la consonante non raddoppia.

Quando è negativo, l'imperativo con i pronomi si costruisce così:

- *con **"TU"** il pronome può essere **prima** o **dopo** il verbo all'infinito (quando è dopo, bisogna togliere la -e dell'infinito e formare una sola parola);*

Non ti preoccupare / **Non** preoccupar**ti**, Gino, vedrai che andrà tutto bene.

- *con il **"LEI"** formale il pronome va **prima** del verbo;*

Non si preoccupi, ingegner Bianchini, vedrà che andrà tutto bene!

- *con **"NOI"** e **"VOI"** il pronome può andare **prima** o **dopo** il verbo.*

Non preoccupiamo**ci** / **Non ci** preoccupiamo, andrà tutto bene!

Non preoccupate**vi** / **Non vi** preoccupate, ragazzi, vedrete che andrà tutto bene!

Esercizi sull'imperativo con i pronomi

1. Giusto o sbagliato?
Indica quali frasi sono giuste (G) e quali sbagliate (S).

	G	S
1. Paola, non alzareti, rimani seduta!	☐	☐
2. Signor Galli, vada all'ufficio postale, ci vada subito!	☐	☐
3. Se non sei convinto di questa proposta, dillo subito!	☐	☐
4. Signora Rossetti, siedasi, accomodisi pure!	☐	☐
5. Che belle le tue scarpe! Fammele vedere!	☐	☐
6. Francesca, ricordati di pagare la bolletta, fallo subito!	☐	☐
7. Gabriele, aiuta tuo fratello, dagli una mano!	☐	☐
8. Matteo, mi dai il pallone! Me lo dai subito!	☐	☐

Adesso correggi le frasi sbagliate.

a) _____

b) _____

c) _____

2. Bucatini all'amatriciana

Completa questa ricetta con i verbi all'imperativo plurale (voi). Inserisci anche i pronomi dove necessario. Se hai bisogno di aiuto, puoi usare i verbi della lista (non sono in ordine).

scolare   mettere   condire   aggiungere   cuocere   buttare   friggere

Ingredienti:

350 gr. di bucatini oppure di spaghetti
100 gr. di guanciale in una fetta sola
300 gr. di polpa di pomodoro
50 gr. di pecorino grattugiato

un pezzetto di peperoncino rosso
olio extravergine d'oliva
sale

Tagliate il guanciale a cubetti e _____ in due cucchiai di olio, insieme al peperoncino. Versate la polpa di pomodoro e _____ il sugo per qualche minuto. Nel frattempo _____ sul fuoco una pentola di acqua con un po' di sale. Quando l'acqua bolle, _____ i bucatini. _____ al dente e _____ con il sugo e il pecorino grattugiato.

(adattato da Simonetta Lupi Vada, *La pasta è in tavola*)

Lo sapevi? I bucatini sono degli spaghetti con il buco, tipici del Lazio. Questa ricetta è una specialità di Amatrice, una piccola città in provincia di Rieti.

3 Prendi un sorriso
Completa questa poesia del Mahtma Gandhi con i verbi all'imperativo informale singolare (tu).

> Prendi un sorriso,
> _____ (*regalarlo*) a chi non l'ha mai avuto.
> Prendi un raggio di sole,
> _____ (*farlo*) volare là dove regna la notte.
> Scopri una sorgente,
> _____ (*farci*) bagnare chi vive nel fango.
> Prendi una lacrima,
> _____ (*posarla*) sul volto di chi non ha pianto.
> Prendi il coraggio,
> _____ (*metterlo*) nell'animo di chi non sa lottare.
> Scopri la vita,
> _____ (*raccontarla*) a chi non sa capirla.
> Prendi la speranza
> e _____ (*vivere*) nella sua luce.
> Prendi la bontà
> e _____ (*darla*) a chi non sa dare.
> Scopri l'amore
> e _____ (*farlo*) conoscere al mondo.

4 Se bella vuoi divenire…
Completa i dialoghi con i verbi all'imperativo.

a. ■ Dai, Giulia, _____ (*togliersi*) la maglietta, _____ (*mettersi*) a testa in giù, _____ (*appoggiarsi*) al lavabo… _____ (*stare*) attenta a non bagnarti!
□ No, non voglio lavarmi i capelli, non sono sporchi!
■ Non _____ (*fare*) capricci, _____ (*sbrigarsi*), non farmi perdere la pazienza…
□ E va bene, però non _____ (*farmi*) male, non _____ (*tirarmeli*).
■ E tu non _____ (*muoverti*), altrimenti ti entra lo shampoo negli occhi!

b. □ _____ (*dirmi*) signora Bianchini. Come li facciamo i capelli?
■ _____ (*tagliarmeli*) belli corti, così rimangono in ordine.
□ Facciamo anche i colpi di sole?
■ E va bene, _____ (*noi - farli*).
□ Sì, ma per i colpi di sole, bisogna aspettare un po'…
■ Non _____ (*preoccuparsi*), non ho fretta. Leggerò una rivista…
□ Sì, certo, quale preferisce?
■ È lo stesso, _____ (*darmene*) una qualsiasi.

Qual è la fine dell'espressione del titolo?

Se bella vuoi divenire...
a) alcuni consigli devi seguire. ❏
b) tanta pazienza devi avere. ❏
c) un poco devi soffrire. ❏

5 Rifletti sulla lingua

A che cosa serve l'imperativo? Segna con una X quali funzioni esprime in ogni esercizio.
Ci possono essere più funzioni nello stesso testo.

	richiamare l'attenzione	dare istruzioni	dare consigli	dare il permesso	dare ordini
Formale o informale?					
Come si fa?					
Vivi in un mondo migliore!					
Viaggia in modo diverso!					
In quali situazioni si trovano queste persone?					
Giusto o sbagliato?					
Bucatini all'amatriciana					
Prendi un sorriso					
Se bella vuoi divenire...					

6 Ridendo con... l'imperativo

(da *La Settimana Enigmistica*)

-Non startene lì a far niente, Gigetto! Cresci, vai a scuola, prendi una laurea e trovati un lavoro!

Il congiuntivo

- L'**indicativo** è il modo della certezza e della realtà mentre il **congiuntivo** è il modo dell'incertezza, del dubbio, della probabilità.
L'**indicativo** si usa per fare affermazioni **oggettive**, il **congiuntivo** per fare affermazioni **soggettive**.

    So che gli italiani del Sud **sono** molto ospitali.
    → è un dato di fatto, si usa l'indicativo

    Penso che gli italiani del Sud **siano** molto ospitali.
    → è un'opinione personale, si usa il congiuntivo

- Il congiuntivo si usa soprattutto in frasi subordinate.

Credo che	Francesco **sia** stanco.
frase principale	*frase subordinata*

- Per poter usare il congiuntivo, il soggetto della frase principale deve essere diverso da quello della subordinata.

Credo che	Gianni **abbia** l'influenza.
(io credo)	*(lui ha)*

- Quando invece i due soggetti sono uguali, nella subordinata si usa l'infinito, generalmente preceduto dalla preposizione "di".

Credo	**di avere** l'influenza.
(io credo)	*(io ho)*

- Il congiuntivo ha quattro tempi:
    il presente;
    il passato;
    l'imperfetto;
    il trapassato.

    Penso che il treno **arrivi** alle 8.
    Penso che il treno **sia arrivato** alle 8.
    Pensavo che il treno **arrivasse** alle 8.
    Pensavo che il treno **fosse arrivato** alle 8.

Il congiuntivo presente

- Le prime tre persone del congiuntivo presente sono sempre uguali e per questo motivo generalmente si specifica il pronome personale soggetto.

    Bisogna che **io lavori** di più.
    Bisogna che **tu lavori** di più.
    Bisogna che **lui lavori** di più.

- Le prime tre persone del congiuntivo presente sono uguali all'imperativo formale singolare (Lei).

    Signora, **scriva** un'e-mail, per favore! *(imperativo)*
    Penso che Monica **scriva** molte e-mail. *(congiuntivo)*

- La prima persona plurale (noi) del congiuntivo è uguale all'indicativo.

    Di solito **partiamo** alle 6. *(indicativo)*
    Bisogna che oggi **partiamo** prima. *(congiuntivo)*

- Una strategia per costruire il congiuntivo presente di molti **verbi irregolari** è quella di utilizzare la 1ª persona singolare del presente indicativo cambiando la vocale finale **-o** in **-a**.

    Vad**o** a Parma. *(indicativo presente)*
    Bisogna che io vad**a** a Parma. *(congiuntivo presente)*

Forme regolari del congiuntivo presente

		LAVORARE	SCRIVERE	PARTIRE	CAPIRE
Marta pensa che	io	lavor-**i**	scriv-**a**	part-**a**	cap-**isc-a**
	tu	lavor-**i**	scriv-**a**	part-**a**	cap-**isc-a**
	lui/lei/Lei	lavor-**i**	scriv-**a**	part-**a**	cap-**isc-a**
	noi	lavor-**iamo**	scriv-**iamo**	part-**iamo**	cap-**iamo**
	voi	lavor-**iate**	scriv-**iate**	part-**iate**	cap-**iate**
	loro	lavor-**ino**	scriv-**ano**	part-**ano**	cap-**isc-ano**

Forme irregolari del congiuntivo presente

Indic. pres.	Imperativo	Congiuntivo presente			
(io)	*(Lei)*	*(io/tu/lui/lei/Lei)*	*(noi)*	*(voi)*	*(loro)*
(sono)	**sia**	**sia**	siamo	siate	siano
(ho)	**abbia**	**abbia**	abbiamo	abbiate	abbiano
(sto)	**stia**	**stia**	stiamo	stiate	stiano
(do)	**dia**	**dia**	diamo	diate	diano
(so)	**sappia**	**sappia**	sappiamo	sappiate	sappiano
voglio	-	**voglia**	vogliamo	vogliate	vogliano
posso	-	**possa**	possiamo	possiate	possano
(devo)	-	**debba**	dobbiamo	dobbiate	debbano
vado	**vada**	**vada**	andiamo	andiate	vadano
faccio	**faccia**	**faccia**	facciamo	facciate	facciano
dico	**dica**	**dica**	diciamo	diciate	dicano
vengo	**venga**	**venga**	veniamo	veniate	vengano
tengo	**tenga**	**tenga**	teniamo	teniate	tengano
rimango	**rimanga**	**rimanga**	rimaniamo	rimaniate	rimangano
tolgo	**tolga**	**tolga**	togliamo	togliate	tolgano
scelgo	**scelga**	**scelga**	scegliamo	scegliate	scelgano
spengo	**spenga**	**spenga**	spegniamo	spegniate	spengano
salgo	**salga**	**salga**	saliamo	saliate	salgano
esco	**esca**	**esca**	usciamo	usciate	escano
traduco	**traduca**	**traduca**	traduciamo	traduciate	traducano
propongo	**proponga**	**proponga**	proponiamo	proponiate	propongano

Il congiuntivo passato

● *Il congiuntivo passato si forma con il congiuntivo presente degli ausiliari **essere** o **avere** + il **participio passato**.*

Credo che Giacomo **abbia lavorato** fino alle sei e che poi **sia partito**.

		LAVORARE	PARTIRE
Marta **pensa** che	io	**abbia** lavor**ato**	**sia** part**ito/a**
	tu	**abbia** lavor**ato**	**sia** part**ito/a**
	lui/lei/Lei	**abbia** lavor**ato**	**sia** part**ito/a**
	noi	**abbiamo** lavor**ato**	**siamo** part**iti/e**
	voi	**abbiate** lavor**ato**	**siate** part**iti/e**
	loro	**abbiano** lavor**ato**	**siano** part**iti/e**

Il congiuntivo imperfetto

- Le prime due persone del congiuntivo imperfetto sono uguali.

> Laura credeva che **io lavorassi** ancora.
> Laura credeva che **tu lavorassi** ancora.

- I verbi irregolari **fare**, **dire**, **dare**, **stare** si coniugano come i verbi in **-ere**.

> Volevo che tu scriv**essi** la relazione e che mi **dessi** una mano a preparare il materiale.

Forme regolari del congiuntivo imperfetto

		LAVORARE	SCRIVERE	PARTIRE
Marta **pensava** che	io	lavor-**assi**	scriv-**essi**	part-**issi**
	tu	lavor-**assi**	scriv-**essi**	part-**issi**
	lui/lei/Lei	lavor-**asse**	scriv-**esse**	part-**isse**
	noi	lavor-**assimo**	scriv-**essimo**	part-**issimo**
	voi	lavor-**aste**	scriv-**este**	part-**iste**
	loro	lavor-**assero**	scriv-**essero**	part-**issero**

Forme irregolari del congiuntivo imperfetto

ESSERE	FARE	DIRE	DARE	STARE
fossi	facessi	dicessi	dessi	stessi
fossi	facessi	dicessi	dessi	stessi
fosse	facesse	dicesse	desse	stesse
fossimo	facessimo	dicessimo	dessimo	stessimo
foste	faceste	diceste	deste	steste
fossero	facessero	dicessero	dessero	stessero

Il congiuntivo trapassato

- Il congiuntivo trapassato si forma con il congiuntivo imperfetto di **essere** o **avere** + il **participio passato**.

> Credevo che Giacomo **avesse lavorato** fino alle sei e che poi fosse **fosse partito**.

		LAVORARE		PARTIRE	
Marta **pensava** che	io	**avessi**	lavorato	**fossi**	partito/a
	tu	**avessi**	lavorato	**fossi**	partito/a
	lui/lei/Lei	**avesse**	lavorato	**fosse**	partito/a
	noi	**avessimo**	lavorato	**fossimo**	partiti/e
	voi	**aveste**	lavorato	**foste**	partiti/e
	loro	**avessero**	lavorato	**fossero**	partiti/e

Uso del congiuntivo

- Queste strutture richiedono il congiuntivo quando il soggetto della frase principale e quello della subordinata sono diversi.
- Se i soggetti delle due frasi sono uguali si usa l'infinito.

soggetti diversi - congiuntivo	soggetti uguali - infinito
• per esprimere opinioni e giudizi: **penso** / **credo** / **mi sembra** / **mi pare** / **suppongo** / **ritengo** / **immagino** *che* Carlo **abbia** ragione.	• per esprimere opinioni e giudizi: **penso** / **credo** / **mi sembra** / **mi pare** / **suppongo** / **ritengo** / **immagino** *di avere* ragione.
• per esprimere speranza: **spero** / **mi auguro** *che* gli studenti **passino** l'esame.	• per esprimere speranza: **spero** / **mi auguro** *di passare* l'esame.
• per esprimere desiderio e volontà: **voglio** / **desidero** *che* Stefania **si sposi**.	• per esprimere desiderio e volontà: **voglio** / **desidero** **sposarmi**.
• per esprimere attesa e aspettativa: **aspetto** / **mi aspetto** *che* mi **mandino** una risposta.	• per esprimere attesa e aspettativa: **aspetto** / **mi aspetto** *di ricevere* una risposta.
• per esprimere dubbio e incertezza: **non sono sicuro** / **dubito** / **sospetto** / **temo** / **ho paura** *che* Claudio **sia** ammalato.	• per esprimere dubbio e incertezza: **non sono sicuro** / **dubito** / **sospetto** / **temo** / **ho paura** *di essere* ammalato.
• per esprimere sentimenti e stati d'animo: **mi dà fastidio** / **mi dispiace** / **non mi piace** *che* lui **sia** in ritardo. **sono contento** *che* lui **sia** sempre puntuale.	• per esprimere sentimenti e stati d'animo: **mi dà fastidio** / **mi dispiace** / **non mi piace** *essere* in ritardo. **sono contento** *di essere* sempre puntuale.

● *Questi connettivi richiedono il congiuntivo:*

prima che;	Devo chiamare Paolo **prima che** lui **vada** all'appuntamento.
benché, nonostante, sebbene, malgrado;	**Benché** Milano **sia** una città caotica, io mi ci trovo bene.
a patto che, a condizione che, purché;	Per brindare va bene qualsiasi vino **purché sia** buono.
affinché, perché (con valore finale);	Luisa ha mandato sua figlia in Inghilterra **perché impari** l'inglese.
senza che.	Vogliamo organizzare la festa **senza che** Maurizio lo **sappia**.

● *In alcuni casi è possibile esprimere gli stessi concetti utilizzando strutture linguistiche diverse, che richiedono l'indicativo:*

CONGIUNTIVO	INDICATIVO
penso, credo, mi sembra, mi pare, suppongo, ritengo, immagino che Carlo **abbia** ragione.	*Secondo me, Probabilmente, Forse, Magari* Carlo **ha** ragione.
benché, nonostante, sebbene, malgrado Milano **sia** una città caotica, io mi ci trovo bene.	**Anche se** Milano **è** una città caotica, io mi ci trovo bene.
Per brindare va bene qualsiasi vino *a patto che / purché / a condizione che* **sia** buono.	Per brindare va bene qualsiasi vino **ma solo se è** buono.
Luisa ha mandato sua figlia in Inghilterra **affinché / perché impari** l'inglese.	Luisa ha mandato sua figlia in Inghilterra, **così imparerà** l'inglese.

15 Il congiuntivo

Il congiuntivo si usa anche:

- *nelle frasi relative quando nella principale ci sono verbi che esprimono desiderio e volontà come **desiderare**, **volere**, **cercare**, **avere bisogno di**.*

  Cerco una casa **che abbia** un bel giardino.

  Abbiamo bisogno di una persona **che sappia** usare bene questo sistema operativo.

- *nelle frasi superlative relative;*

  È stato **il** viaggio **più** interessante che io **abbia** mai **fatto**: è stata veramente una bella avventura!

  È **la** persona **meno** prepotente che io **conosca**: è sempre gentile!

- *nelle frasi subordinate con **dovunque/ovunque**, **qualunque/qualsiasi**, **chiunque**, **comunque**;*

  Dovunque tu **vada**, ti troverai bene.

  Qualunque cosa io **dica** o **faccia** non ti va mai bene: non ti sopporto più!

  Chiunque abbia del tempo libero può lasciare il suo nominativo alla nostra associazione.

  Comunque vada a finire questa storia, non ve ne dimenticherete facilmente.

- *nelle costruzioni impersonali con **bisogna che**, **può darsi che**, **si dice che**, **è meglio/bello... che**;*

  È bello **che** tutti **vadano** d'accordo.

  Può darsi che non **siano** ancora **arrivati**.

- *nelle frasi interrogative indirette e nelle frasi comparative con la struttura **più/meno di quanto (non)** quando si usa un registro formale;*

  Non so quanto costi un volo da Milano a Rio.
  registro formale → congiuntivo
  Non so quanto costa un volo da Milano a Rio.
  registro informale → indicativo

  È molto **più** generoso **di quanto (non) sembri**.
  registro formale → congiuntivo
  È molto **più** generoso **di quanto (non) sembra**.
  registro informale → indicativo

- *in frasi indipendenti per esprimere dubbio, speranza o desiderio.*

  Come mai non arrivano? **Che si siano persi?**

  Con questo significato, "magari" si può usare solo con il congiuntivo imperfetto o trapassato.

  Magari fossi giovane come voi!

15 Il congiuntivo

Spesso nella lingua parlata si tende a sostituire il congiuntivo con l'indicativo. Anche se in alcuni casi è ormai accettato, bisogna ricordare che il congiuntivo permette di esprimere più sfumature di significato. Negli esempi qui sopra, infatti, non si tratta solo di una differenza di registro, ma anche di una leggera variante di significato: *"**Non so quanto costi**"* trasmette una maggiore idea di dubbio rispetto a *"**Non so quanto costa**"*. Lo stesso vale anche per affermazioni come *"**Dicono che Milano sia la città più europea d'Italia**"* (chi parla non è convinto di questa affermazione e la mette in dubbio); *"**Dicono che Milano è la città più europea d'Italia**"* (chi parla è convinto di questa affermazione e la considera sicura).

Concordanze del congiuntivo

Frase principale
al presente

Frase subordinata

Penso che
presente

→ *azione futura*

Marco **vada / andrà** in montagna la settimana prossima.
congiuntivo presente o indicativo futuro → *per indicare un'azione futura rispetto a quella della principale*

→ *azione contemporanea*

Marco **vada** in montagna.
congiuntivo presente → *per indicare un'azione contemporanea a quella della principale*

Marco **stia andando** in montagna.
"stare + gerundio" al congiuntivo presente → *per indicare un'azione in corso*

→ *azione passata*

Marco **sia andato** in montagna la settimana scorsa.

Marco, da bambino, **andasse** spesso in montagna.
congiuntivo passato o imperfetto → *per indicare un'azione passata rispetto a quella della principale, secondo le funzioni tipiche dei due tempi (vedi capitoli ad essi relativi)*

Frase principale
al passato

Frase subordinata

Ho pensato che
passato prossimo

Pensavo che
imperfetto

Avevo pensato che
trapassato prossimo

Pensai che
passato remoto

→ *azione futura*

Marco **andasse / sarebbe andato** in montagna la settimana dopo.
congiuntivo imperfetto/condizionale composto → *per indicare un'azione futura rispetto a quella della principale*

→ *azione contemporanea*

Marco **andasse** in montagna.
congiuntivo imperfetto → *per indicare un'azione contemporanea a quella della principale*

Marco **stesse andando** in montagna.
"stare + gerundio" al congiuntivo imperfetto → *per indicare un'azione in corso*

→ *azione passata*

Marco **fosse andato** in montagna la settimana prima.

Marco, da bambino, **andasse** spesso in montagna.
congiuntivo trapassato o imperfetto → *per indicare un'azione passata rispetto a quella della principale, secondo le funzioni tipiche dei due tempi (vedi capitoli ad essi relativi)*

15 Il congiuntivo

Esercizi sul congiuntivo presente e passato

1 Un gatto + un gatto
Completa la poesia con i verbi al congiuntivo presente.

Un gatto più un gatto fa due gatti.
Un gatto meno un gatto
fa un gatto andato via.
Speriamo che _____ (*tornare*) presto
che non _____ (*perdersi*)
che non _____ (*farsi*) male
che per strada _____ (*stare*) attento
a attraversare
che _____ (*trovare*) sui tetti la strada
per tornare
che _____ (*venire*) a casa prima di sera
con la sua bella coda
dritta come una coda disegnata.

(G. Raboni, *Un gatto più un gatto*)

Qual è la frase principale da cui dipendono tutti i congiuntivi? _____

2 Perdere la pazienza
Metti i verbi al congiuntivo presente e completa le frasi, come nell'esempio.

1. Penso che troppo spesso le persone **perdano** (*perdere*) — a. l'obiettivo prefissato.
2. Sono felice che finalmente Giulia e Michele _____ (*mettere su*)   b. la pazienza.
3. Me ne vado da Roma. È meglio che per un po' io _____ (*cambiare*)   c. fiato.
4. Avete corso troppo. Bisogna che _____ (*voi - riprendere*)   d. senso.
5. Se il lavoro non ti piace, è meglio che tu _____ (*dare*)   e. casa.
6. Non sono d'accordo. Mi sembra che il tuo discorso non _____ (*avere*)   f. aria.
7. È molto importante che _____ (*loro - raggiungere*)   g. il pranzo.
8. Non va bene che tutti i giorni voi _____ (*saltare*)   h. le dimissioni.

3 Viva l'italiano!
Completa l'intervista coniugando i verbi della prima colonna al congiuntivo presente e quelli della seconda colonna al congiuntivo passato.

verbi da coniugare al congiuntivo presente	verbi da coniugare al congiuntivo passato
1. piacere 2. significare 3. andare 6. dovere 7. volere 9. frequentare 10. dare 13. apprezzare	4. essere 5. aumentare 8. aderire 11. attivare 12. decidere

L'italiano all'estero va forte. Il nostro Paese piace e anche la sua lingua. Tra il 2000 e il 2021 negli istituti italiani di cultura gli studenti sono passati da 46 mila a quasi 66 mila e gli iscritti sono aumentati molto anche presso le scuole private. Ne abbiamo parlato con alcuni insegnanti di italiano per stranieri.

Perché l'italiano sta avendo così tanto successo tra gli stranieri?
Pare che l'italiano (1) _____ agli stranieri per le ragioni più svariate: perché il suono è dolce, perché amano Venezia, perché vanno pazzi per ravioli e tagliatelle… e perché pensano che Italia (2) _____ ancora "dolce vita".

Quali sono i Paesi in cui l'italiano va più forte?
Sembra che in Norvegia (3) _____ di moda tutto ciò che è italiano: vino, cibo, vestiti. E attualmente è in forte aumento anche in Argentina benché qui l'italiano (4) _____ sempre legato al vincolo culturale esistente tra i due Paesi. In generale abbiamo l'impressione che, ultimamente, (5) _____ il desiderio di molti argentini di trasferirsi in Italia.

L'italiano si studia anche per motivi economici?
Sì, sembra che a questo si (6) _____ l'incremento delle richieste nei paesi dell'Est europeo, considerati un mercato emergente. In Giappone e Corea, invece, l'Italia è famosa non solo per la moda ma anche per la musica. Pare che moltissimi giovani asiatici (7) _____ venire in Italia per studiare l'opera nei nostri conservatori.

Come ha reagito l'Italia a questo improvviso aumento di richieste?
Aumentando l'offerta di corsi di lingua e cultura italiana per stranieri. E ci fa piacere che molte università italiane (8) _____ a Icon, Italian Culture on the Net (*italicon.it*), un corso on-line via Internet grazie al quale è possibile laurearsi in italiano: si fa tutto in rete, senza che gli studenti (9) _____ l'università. Si chiede solo che (10) _____ gli esami presso istituti di cultura italiana all'estero. E siamo anche contenti che molte università straniere (11) _____ lettorati e che (12) _____ di dare più spazio alla lingua italiana. Insomma, sembra proprio che sempre più persone (13) _____ la lingua di Dante.

4. Prendere la decisione giusta
Metti i verbi al congiuntivo passato e completa le frasi, come nell'esempio.

1. Sono d'accordo con te. Penso che tu **abbia preso** (*prendere*) → b. la decisione giusta.
2. Peccato che tu non _____ (*seguire*)
3. Sono contenta che tu _____ (*vincere*)
4. Mi dispiace che voi _____ (*trovarsi*)
5. Luca non amava lavorare. Dubito che _____ (*fare*)
6. Bravi! Penso che voi _____ (*avere*)
7. Ho paura che con quel freddo _____ (*loro - prendersi*)
8. Temo che a causa dei problemi di lavoro Marco _____ (*rovinarsi*)

a. in una situazione difficile.
b. la decisione giusta.
c. il mio consiglio!
d. carriera.
e. la paura di prendere l'aereo.
f. un bel raffreddore!
g. un'idea bellissima!
h. le vacanze.

Esercizi sul congiuntivo imperfetto e trapassato

1. La nonna
Leggi questa poesia, <u>sottolinea</u> tutti i verbi al congiuntivo presente e poi trasformali al congiuntivo imperfetto nella colonna di destra.

Voglio tanto una nonna piccina morbida e bianca, brava in cucina con molto tempo per raccontare a me che amo tanto ascoltare; che mi parli del suo passato e delle persone che ha amato. Che giochi con me alle signore prendendo il tè a tutte le ore. Che mi faccia dolci squisiti e per le bambole molti vestiti. Che mi abbracci quando sono sola, che mi venga a prendere a scuola e che mi vizi anche un pochino, come si merita ogni bambino.	Volevo tanto una nonna piccina morbida e bianca, brava in cucina con molto tempo per raccontare a me che amavo tanto ascoltare; che mi _____ del suo passato e delle persone che aveva amato. Che _____ con me alle signore prendendo il tè a tutte le ore. Che mi _____ dolci squisiti e per le bambole molti vestiti. Che mi _____ quando ero sola, che mi _____ a prendere a scuola e che mi _____ anche un pochino, come si merita ogni bambino.

Hai notato che nella trasformazione al passato sono cambiati anche i verbi all'indicativo?

2 Scambio di automobile

Completa la conversazione coniugando i verbi sulle linee _____ al congiuntivo imperfetto e quelli sulle linee _ _ _ _ _ _ _ _ al congiuntivo trapassato.

Donatella - Ieri siamo andati a fare la spesa prima del solito perché volevamo arrivare a casa prima che _____ (*iniziare*) la partita. Gino sperava che _____ (*esserci*) poco traffico e invece sembrava che tutti _ _ _ _ _ _ _ _ _ _ _ (*avere*) la stessa idea.

Linda - Come al solito…

Donatella - E in più mi è successa una cosa molto imbarazzante…

Linda - Cioè?

Donatella - Dunque, come ti dicevo siamo andati al supermercato in macchina: è stata una pessima idea, non pensavamo che il mercoledì _____ (*esserci*) così tante persone in giro. E per di più pioveva. Non abbiamo trovato parcheggio e Gino è rimasto in macchina perché sperava che qualcuno _____ (*andare*) via e gli _____ (*lasciare*) il posto. Quando sono uscita dal supermercato stava ancora piovendo ed ero piena di sacchetti. Non capivo perché Gino non _ _ _ _ _ _ _ _ (*scendere*) dalla macchina per venirmi incontro.

Linda - E dov'era?

Donatella - Beh, io credevo che _ _ _ _ _ _ _ _ _ _ (*decidere*) di aspettarmi lì e così, quando ho visto una macchina bianca come la nostra, sono salita immediatamente ma…

Linda - Ma??

Donatella - Al volante c'era un altro signore. E io, per di più, sono entrata in macchina urlando: "Speravo che tu mi _____ (*dare*) almeno una mano con tutti questi sacchetti"

Linda - E lui?

Donatella - Ha cominciato a ridere, ha capito subito la situazione mentre io dicevo: "Scusi, credevo che Lei _____ (*essere*) mio marito", la frase più stupida che io _____ (*potere*) dire…

Linda - E lui?

Donatella - E lui mi guarda e mi fa: "Ma si figuri! Sono cose che capitano!"

Linda - E poi?

Donatella - E poi ho sentito un clacson, era Gino che aveva parcheggiato più lontano e che aveva visto tutta la scena: non riusciva a credere che io _ _ _ _ _ _ _ _ (*salire*) in macchina con un perfetto estraneo…

Esercizi sugli usi del congiuntivo

1 E-mail a un giornale

a. Leggi questa e-mail e scegli la forma verbale corretta.

b. Questa è la risposta all'e-mail di Valentina. Completala con i verbi al congiuntivo o all'indicativo.

LO SPAZIO DEI LETTORI

Salve, sono una ragazza di 16 anni che legge sempre la Sua rubrica. Le scrivo perché ho un problema con i miei genitori. Ho una grande passione per i cavalli, così *abbia scelto / ho scelto* di frequentare l'istituto agrario perché il mio sogno *è* sempre *stato / sia* sempre *stato* quello di avere una fattoria. I miei genitori mi hanno dato il permesso a patto che io *studi / studio* anche enologia. Secondo loro, non è giusto che io *mi dedico / mi dedichi* esclusivamente agli animali. Vogliono che io *diventi / divento* un tecnico del vino perché pensano che i cavalli non *siano / sono* sufficienti per vivere. Ritengono che il lavoro in cantina *sia / è* più redditizio e *dia / dà* molte più soddisfazioni. A loro, però, non a me sicuramente. Infatti, è mia madre ad avere la passione per il vino e io non sopporto che lei *parli / parla* continuamente della mia futura professione e che la *usa / usi* per attirare l'attenzione degli amici… Anche se *abbia* già *provato / ho* già *provato* varie volte a parlare con loro di questa situazione, non sono riuscita a risolvere il problema.
Vorrei avere una Sua opinione. Grazie di tutto.
Valentina

IL DIRETTORE RISPONDE

Cara Valentina,
penso che sulle passioni non si _____ (*potere*) discutere perché _____ (*rappresentare*) un valore in più nella vita: quello che ne aumenta la qualità. E purtroppo _____ (*io - avere*) l'impressione che i tuoi genitori _____ (*essere*) egoisti e, per questo, incapaci di essere dalla tua parte. Sei in una situazione difficile ma credo che _____ (*toccare*) a te decidere il tuo futuro. È importante che _____ (*trovare*) qualche alleato (un amico, un adulto o un parente meno egoista) e che _____ (*progettare*) il piano per la tua "liberazione": ricordati, però, che non sarà una cosa semplice né breve. Dovrai superare mille ricatti affettivi ed economici, ma la vita è tua ed è giusto che tu _____ (*prendere*) le tue decisioni. In bocca al lupo!

15 Il congiuntivo

2 Proposta per l'estate
Laura ha una proposta interessante per Alexandra. Completa l'e-mail con i verbi all'indicativo o al congiuntivo, scegliendo tra quelli della lista.

piacere   fare   lavorare   sapere   essere   pagare   dovere   stare   rimanere   essere   potere   volere

Nuovo messaggio

A: @alexandra
Oggetto: Proposta per l'estate

Cara Alexandra,
come stai? Come va la vita a Hannover? Ti scrivo perché ho una proposta da farti: si tratta di un lavoro per l'estate. So che l'Italia ti _____ molto e mi sembra che questa occasione _____ proprio per te. Ieri sono andata a Stresa, sul Lago Maggiore, a trovare la proprietaria del negozio di scarpe dove mia sorella _____ per tre anni. Mi ha detto che cercano qualcuno che _____ l'inglese e il tedesco per la stagione estiva. Siccome tu _____ tedesca e parli benissimo l'inglese e l'italiano, mi sembri la persona giusta. Ti interessa? Non so quanto ti _____ e quante ore al giorno _____ lavorare. La signora Elsa ha bisogno di qualcuno che _____ in negozio di pomeriggio e anche il sabato e la domenica. So che qualche volta il negozio _____ aperto anche il sabato sera, spero che questo non _____ un problema per te. Per quanto riguarda la sistemazione, _____ rimanere da me: la mia casa è vicino a Stresa quindi è abbastanza comoda.
Immagino che prima tu _____ pensarci un po' e magari parlarne con Markus.
Ci sentiamo presto, fammi sapere se questa proposta ti interessa!
Laura

3 Libri e humor
Completa l'intervista alla scrittrice Alice Basso con le espressioni mancanti, scegliendo tra quelle della lista.

non è detto che   purché   perché   credo che   sebbene   mi pare che   senza   si dice che   mi sembra di   affinché

Sappiamo che il tuo ultimo progetto prevede cinque romanzi. Ora che è uscito il terzo, sei sempre della stessa idea o stai pensando di aggiungerne altri?
_____ i libri di questa serie siano leggibili anche singolarmente, senza bisogno di partire per forza dal primo e andare in fila, c'è una macrotrama che li unisce e nella mia testa copre appunto cinque romanzi. Poi, be', _____ il mondo di Vani Sarca, la protagonista, si esaurisca per forza lì…

Cosa vorresti comunicare con i tuoi libri e cosa ti piacerebbe che fosse apprezzato?
Guarda, quando ho scritto il primo romanzo, "L'imprevedibile piano della scrittrice senza nome", avevo due obiettivi precisi: il primo, parlare del backstage dei libri e del mondo editoriale; il secondo era far ridere, _____ l'ironia e lo humour fossero presentati con intelligenza. Scrivo con questo scopo _____ i lettori possano riflettere anche attraverso una risata!

Cosa ti piace leggere e quali sono gli elementi essenziali che un libro deve avere per catturare la tua attenzione?
Come dicevo, io ho moltissima stima per quegli scrittori che mettono dello humour in quel che scrivono _____ temere di essere ridicoli. Sforzandosi di essere delicati e divertenti nel loro modo di avvicinare il lettore, _____ gli mostrino anche una certa forma di rispetto.

Che effetto ti fa il grande successo che hanno avuto i tuoi romanzi?
Ah, ancora non mi sembra vero. _____ alle cose belle si faccia in fretta ad abituarsi, ma non ci credo mica tanto _____ io non ho fatto ancora l'abitudine a questa cosa bellissima! Inoltre, con tutti i viaggi e gli eventi per la presentazione dei libri, _____ aver fatto in due anni l'esperienza di una vita e mezza. Ogni tanto mi capita, magari parlando con qualcuno, di rievocare persone o situazioni di due anni fa… e _____ sia passato un millennio!

Grazie mille per il tempo che ci hai dedicato, speriamo di rincontrarti presto!

(adattato da Ilaria Madau, *http://thrillernord.it/intervista-ad-alice-basso/*)

4 Una serata da dimenticare
Completa questa e-mail con i verbi al congiuntivo o all'indicativo.

A: @stefania
Oggetto: Chiuse nel ristorante

Cara Stefania,
senti cosa mi è successo ieri dopo che ci siamo sentite. Alle nove avevo appuntamento con Luisa; ero contenta che _____ (*accettare*) il mio invito perché ultimamente è un po' depressa e non vuole mai uscire. Siamo andate a mangiare in una pizzeria vicino a corso Garibaldi. Dopo aver pagato il conto, Luisa è andata in bagno. Passati dieci minuti, siccome non la _____ (*io - vedere*) arrivare, ho pensato che non _____ (*stare*) bene o che le _____ (*fare*) male qualcosa che aveva mangiato e così _____ (*io - andare*) in bagno a vedere che cosa era successo.
Appena mi ha visto, si è messa a piangere e mi ha raccontato che il suo ragazzo _____ (*stare*) con un'altra. Prima sperava che non _____ (*trattarsi*) di una cosa seria, poi lui le ha detto che _____ (*innamorarsi*) dell'altra. Saremo state lì una mezz'oretta a parlare.
Quando siamo uscite dal bagno la pizzeria era vuota: in un primo momento abbiamo pensato che i camerieri _____ (*essere*) ancora in cucina, ma poi abbiamo visto che _____ (*essere*) tutto buio. A quel punto abbiamo capito che tutti _____ (*andarsene*). Probabilmente non _____ (*vedere*) che eravamo ancora in bagno e hanno chiuso il locale senza che noi _____ (*accorgersene*)! Non sapevamo cosa fare: per di più, nonostante la situazione _____ (*essere*) assolutamente ridicola, Luisa aveva paura che ci _____ (*lasciare*) lì fino al giorno dopo e così ha cominciato a battere sulla porta urlando "aprite, aprite!". Mentre aspettavamo che _____ (*arrivare*) qualcuno, è suonato il telefono: era un cliente che _____ (*volere*) prenotare un tavolo per il giorno dopo. Gli ho spiegato la situazione e lui mi ha detto che _____ (*conoscere*) uno dei camerieri della pizzeria. Ci ha dato il numero del suo cellulare, gli abbiamo telefonato e, per fortuna, è venuto subito dopo a "liberarci"! Incredibile, vero?
Ci sentiamo presto, magari ti porto a mangiare una pizza in questo ristorante… ma senza andare in bagno, mi raccomando!
Un bacione, Betta

Esercizi sulle concordanze del congiuntivo

1 Dal presente al passato o... viceversa
Trasforma le frasi dal presente al passato o viceversa, facendo i cambiamenti necessari.

1. Lorenzo è un po' preoccupato: spero che gli abbiano già comunicato i risultati delle analisi.
   Lorenzo era un po' preoccupato: speravo che gli avessero già comunicato i risultati delle analisi.

2. Nonostante il medico gli avesse detto mille volte di smettere di fumare, lui non voleva saperne.
   _____

3. Il presidente, sebbene non abbia partecipato alla riunione, ha comunicato la sua decisione.
   _____

4. Aspettiamo che voi torniate dalle vacanze per organizzare la festa.
   _____

5. Volevo che tutto fosse pronto prima che gli ospiti arrivassero.
   _____

6. Malgrado non abbiano molti soldi, fanno dei viaggi splendidi.
   _____

7. Potete venire da me quando volete, basta che mi avvertiate.
   _____

8. Bisognava che tutte le scuole fossero chiuse per poterle usare come sedi elettorali.
   _____

9. È assurdo che gli studenti non usino il laboratorio, con tutti i soldi che è costato!
   _____

10. Ci sentiamo un po' soli perché i nostri figli si sono sposati: chiunque venga a trovarci, è benvenuto.
    _____

2 La melanzana di Biancaneve
Completa l'articolo con i verbi della lista al tempo corretto del congiuntivo. I verbi sono in ordine.

> *trattarsi   succedere   essere   mangiare   essere   potere   stare   andare*

Sembra la storia di Biancaneve, ma al posto della mela c'era una melanzana. È successo in Piemonte: quando ha comprato la piantina, alcuni mesi fa, la signora Marianna era convinta che _____ di una melanzana bianca. Così l'altro ieri l'ha raccolta dall'orto e l'ha mangiata: poche ore dopo era all'ospedale quasi in coma. Per i medici non è stato facile capire che cosa _____. Infatti, quella che Marianna credeva che _____ un semplice ortaggio, era in realtà una pianta velenosa originaria del Sudamerica, molto tossica. Dall'ospedale è scattato l'allarme e i carabinieri hanno ricostruito alla rovescia l'itinerario di questa piantina: temevano che altre persone ne _____ il frutto. Anche il commerciante che le aveva venduto le piantine pensava che _____ melanzane bianche e, interrogato dai carabinieri, ha dichiarato che si è accorto che erano molto diverse dalle melanzane solo quando sono cresciute. La specialista che ha analizzato l'ortaggio ha dichiarato: "È incredibile come quella donna _____ confondersi" e ha aggiunto: "È importante che le persone _____ attente a quello che raccolgono nell'orto e che _____ subito al pronto soccorso se, dopo aver mangiato, hanno dei sintomi strani".

3 Pennichella sì o no?
Completa il testo con i verbi della lista al tempo corretto del congiuntivo. I verbi sono in ordine.

diventare alterare dare potere vincere sostituire adottare ascoltare fare superare dare

Sembra che la pennichella _____ quasi una vergogna, una cosa da fannulloni. Si crede che questa abitudine _____ i nostri ritmi abituali: il sonno, lo studio, il lavoro. Eppure, secondo una ricerca realizzata dall'Università di Harvard, la pennichella aiuta a fissare i concetti nella memoria quanto una lunga notte di sonno. Nonostante la ricerca _____ risultati molto chiari, c'è ancora chi teme che l'abitudine alla pennichella _____ aprire la porta a un male serale ben peggiore: l'insonnia. "Personalmente - afferma il professor Lugaresi, studioso della medicina del sonno - credo che negli ultimi anni in tutto il mondo occidentalizzato purtroppo _____ il modello "dalle 9:00 alle 5:00" e che esso _____ la vecchia abitudine agricola della lunga pausa pomeridiana. Mi sembra che i nostri vecchi _____ l'abitudine più consona alla nostra natura. La sonnolenza che ci assale dopo pranzo è una chiara richiesta d'aiuto: è opportuno che tutti noi la _____ e _____ anche solo un pisolino di dieci minuti sulla poltrona. È comunque importante che non si _____ i 20/30 minuti di sonno. Anche in questo ci vuole un po' di buon senso. Per risvegliarsi al momento giusto basta una sveglia oppure un amico che ci _____ una pacca sulla spalla".

4 Caro Fabrizio
Stefano ha appena ricevuto una e-mail da suo cugino Fabrizio, che non sentiva da tanto tempo. Completa la risposta di Stefano con i verbi al tempo corretto.

Nuovo messaggio

A: @fabrizio
Oggetto: Che sorpresa!

Caro Fabrizio,
che bella sorpresa ricevere la tua e-mail! Sono felice che non ti _____ (loro - trasferire) e spero che tu _____ già _____ (risolvere) anche gli altri problemi di lavoro. Non pensavo che la tua azienda _____ (andare) così male e non immaginavo neppure che _____ (loro - licenziare) così tante persone. Sono molto contento che il piccolo Federico _____ (crescere) bene e che _____ (voi - essere) tutti più tranquilli. La mia vita è frenetica come sempre, con mille impegni di lavoro e poco tempo per stare con gli amici e le persone care. L'anno scorso, quando ci siamo visti a Roma, non immaginavo che _____ (passare) così tanto tempo prima di risentirci. E ho paura che ne _____ (passare) ancora un bel po' prima di rivederci perché, benché _____ (avere) una voglia matta di venire a trovarvi, temo che non _____ (essere) possibile prima della fine dell'anno. Mi ha fatto tanto piacere risentirti e sapere che sei più sereno.
Ti abbraccio forte, Stefano

PS: Neanch'io ho più notizie di Marcello. L'ho sentito l'ultima volta a Natale, prima che _____ (lui - partire) per Bruxelles: chissà che fine avrà fatto! Pensavo che _____ (lui - rimanere) in contatto almeno con te e invece pare che _____ (sparire) nel nulla.

Il periodo ipotetico

Formazione del periodo ipotetico

Il periodo ipotetico esprime situazioni più o meno possibili ed è introdotto da "se".

   Se + ipotesi + conseguenza

> **Se** invece di bombe **lanciassimo** un fiore,
> *ipotesi*
> **vivremmo** tutti in un mondo migliore.
> *conseguenza*

Esistono diversi tipi di periodo ipotetico:

- *periodo ipotetico della* **realtà**: *esprime una situazione probabile e realizzabile nel presente o nel futuro;*

   Se + indicativo presente + indicativo presente
   Se + indicativo presente + imperativo
   Se + indicativo presente + futuro
   Se + futuro + futuro

> **Se vengo**, ti **telefono**.
> **Se arrivi** tardi, **chiamami**!
> **Se** il tempo **è** bello, domenica **andremo** al mare.
> **Se prenderai** questa decisione, non **te ne pentirai**.

- *periodo ipotetico della* **possibilità nel presente o nel futuro**: *esprime una situazione possibile ma difficile da realizzare;*

   Se + congiuntivo imperfetto + condizionale semplice

> **Se potessi**, **mi trasferirei** a Siviglia.

- *periodo ipotetico della* **irrealtà nel presente o nel futuro**: *esprime una situazione impossibile;*

   Se + congiuntivo imperfetto + condizionale semplice

> **Se avessi** vent'anni di meno, **sarei** più agile.
> **Se fossi** invisibile, ti **seguirei** dappertutto.

- *periodo ipotetico della* **irrealtà nel passato**: *si riferisce a una situazione che non si è realizzata nel passato;*

   Se + congiuntivo trapassato + condizionale composto

> **Se avessi saputo** dello sciopero, **sarei venuto** in macchina.

1. Se vinco/vincerò alla lotteria.... → *È possibile: l'estrazione è domani.*
2. Se vincessi alla lotteria... → *È possibile ma lo ritengo improbabile.*
3. Se avessi vinto alla lotteria... → *Non ho vinto: l'estrazione è stata ieri.*

- ***periodo ipotetico misto (I)***: *si riferisce a un'ipotesi del passato la cui conseguenza ha effetto sul presente;*

    Se + congiuntivo trapassato + condizionale semplice

    Se l'anno scorso mi **avessi ascoltato, ora** non **saresti** nei guai.

- ***periodo ipotetico misto (II)***: *si riferisce a un'ipotesi ancora valida che ha determinato certe conseguenze nel passato;*

    Se + congiuntivo imperfetto + condizionale composto

    Se lui **fosse** una persona sensibile, in quella situazione non **si sarebbe comportato** così.

- *La posizione delle due frasi che compongono il periodo ipotetico può essere invertita senza nessun cambiamento di significato.*

    Se **avessi avuto** tempo, l'**avrei fatto** volentieri.

    L'**avrei fatto** volentieri, **se avessi avuto** tempo.

- *Spesso si usa solo la prima parte del periodo ipotetico, come se fosse un'esclamazione, e si lascia immaginare la conseguenza a chi ascolta.*

    Ah, se avessi vent'anni di meno!

Uso del periodo ipotetico

Il periodo ipotetico si usa per:

- *fare ipotesi;*

    Se mio padre mi **presta** la macchina, domani ti **porto** al mare.

- *esprimere desideri;*

    Se potessi, partirei domani per le vacanze.

- *esprimere disappunto per fatti non realizzati.*

    Se i politici **avessero mantenuto** le loro promesse, **saremmo** tutti più soddisfatti.

Esercizi

1 I proverbi del contadino
Completa le frasi con il periodo ipotetico della realtà e poi abbinale ai proverbi, come nell'esempio.

1. Se il cielo è rosso al tramonto, il giorno dopo il tempo _____ (essere) bello.
2. Se invece il cielo è rosso la mattina, poco dopo il tempo _____ (peggiorare).
3. Se in cielo le nuvole sembrano "pecore", _____ (arrivare) presto un temporale.
4. Se durante l'anno _____ (nevicare) molto, il grano crescerà in abbondanza.
5. In marzo il tempo è un po' strano: se esci, _____ (portare) l'ombrello!
6. Anche aprile è un mese un po' strano ed è facile prendersi il raffreddore: se fa già caldo, _____ (tu - aspettare) a mettere vestiti leggeri!
7. Se la domenica prima di Pasqua c'è il sole, a Pasqua _____ (piovere).
8. Se _____ (tu - vedere) una rondine, non illuderti! Non è detto che la primavera sia arrivata.

a) Cielo a pecorelle, acqua a catinelle.

b) Sotto l'acqua fame, sotto la neve pane.

c) Aprile non ti scoprire!

d) Marzo pazzerello, con i guanti e con l'ombrello.

e) Rosso di sera bel tempo si spera.

f) Sole sugli ulivi, acqua sulle uova.

g) Una rondine non fa primavera.

h) Rosso di mattina, brutto tempo si avvicina.

2 Hai le mani bucate?
Completa il test con il periodo ipotetico della possibilità e leggi il tuo profilo.

1. Se i tuoi amici ti _**proponessero**_ di fare un viaggio ai Caraibi, (proporre) molto costoso per te, che cosa faresti?
   a) _**Partirei**_ lo stesso con entusiasmo. (partire)
   b) _____ con loro, ma _____ in colpa. (andare / sentirsi)
   c) _____ (rinunciare)

2. Se _____ cambiare tutto l'arredamento (tu - volere) di casa, ma _____ che il preventivo (tu - accorgersi) è molto alto, che cosa faresti?
   a) _____ solo le cose più urgenti. (cambiare)
   b) Non _____ niente di nuovo. (comprare)
   c) _____ un prestito e _____ tutto. (chiedere / rinnovare)

3. Se, al momento di pagare un nuovo paio di scarpe, _____ (tu - scoprire)
   che il prezzo è più alto di quello che ti aspetti, che cosa faresti?
   a) Le _____ lo stesso. (prendere)
   b) _____ dal negozio senza comprarle. (uscire)
   c) _____ i saldi. (aspettare)

4. Se _____ preparare una cena per un numero (tu - dovere)
   imprecisato di amici, che cosa faresti?
   a) _____ molto. Gli eventuali avanzi li _____ (cucinare / mettere)
      nel freezer.
   b) Non _____ troppo: i miei amici portano sempre qualcosa! (preoccuparsi)
   c) _____ una quantità media: tanto ho dei surgelati di scorta (preparare)
      nel freezer.

5. Se _____ in un negozio tanti bei vestiti ma non (tu - vedere)
   _____ bisogno di niente, che cosa faresti? (avere)
   a) Non _____ nessun acquisto. (fare)
   b) _____ la cosa che mi piace di più, senza pensare al prezzo. (scegliere)
   c) _____ qualcosa che costa poco da poter usare in molte occasioni. (comprare)

6. Se il tuo partner _____ farti un regalo, tu che cosa gli chiederesti? (desiderare)
   a) Un oggetto prezioso.
   b) Un libro.
   c) Un golf di cachemire.

DOMANDA	A	B	C
1	3	2	1
2	2	1	3
3	3	1	2
4	3	1	2
5	1	3	2
6	3	1	2

Da 18 a 14 punti
Hai davvero le mani bucate! Non sai proprio resistere, eh? Tutto ciò che vedi nei negozi ti attira come una calamita. Quando ti viene voglia di spendere, conta fino a dieci e chiediti: "Ma ne ho davvero bisogno?"

Da 13 a 9 punti
Non sei shopping-dipendente perché sai dare il giusto peso alle cose e il valore corretto alle relazioni umane e agli affetti.

Meno di 8 punti
Non esagerare! Va bene risparmiare per i tempi duri, ma a volte è anche bello spendere. Non essere così avaro e goditi la vita!

3 È inutile piangere sul latte versato...
Completa le frasi con i verbi al modo e tempo corretti. Poi abbina ad ogni frase uno dei proverbi riportati sotto.

1. Se ieri sera loro non _____ (*arrivare*) all'ultimo momento al concerto, _____ (*trovare*) un posto migliore e _____ (*vederci*) meglio.
2. Se Clelia non _____ (*rivedere*) il suo ex fidanzato dopo che si erano lasciati, l'_____ (*dimenticare*) più facilmente.
3. Se invece di stare a letto a dormire, noi _____ (*alzarsi*) presto stamattina, _____ (*riuscire*) a finire quel lavoro.
4. Se invece di aspettare un'offerta migliore tu _____ (*accettare*) quel posto di lavoro, ora non _____ (*essere*) a casa con le mani in mano.
5. Quando era single, Vincenzo era molto più sereno. Se non _____ (*sposare*) quella donna così egoista, ora _____ (*stare*) molto meglio.
6. Se Elena _____ (*dire*) qualche volta "no" e non _____ (*stare*) sempre zitta, i suoi colleghi la settimana scorsa non _____ (*approfittare*) della sua disponibilità.
7. Se voi non _____ (*tradurre*) quell'articolo così velocemente, non _____ (*fare*) tanti errori di distrazione.
8. Perché ieri hai detto a tuo padre di aver passato l'esame, se non era vero? Se _____ (*dirgli*) la verità, _____ (*essere*) molto meglio.

---

a. Chi pecora si fa, lupo lo mangia. ____
b. Lontano dagli occhi, lontano dal cuore. ____
c. Meglio soli che male accompagnati. ____
d. Chi tardi arriva, male alloggia. ____
e. Meglio un uovo oggi che una gallina domani. ____
f. Il mattino ha l'oro in bocca. ____
g. Le bugie hanno le gambe corte. ____
h. Presto e bene raro avviene. ____

Adesso inventa tu una frase ipotetica per questo proverbio:

È inutile piangere sul latte versato.

***Non lamentarti adesso!* Se** _____

4 *Un pacchetto di biscotti*
Leggi questa storia e completala con le forme adeguate del periodo ipotetico.

Una ragazza sta aspettando il suo volo in una sala d'attesa di un grande aeroporto e sta leggendo un libro per passare il tempo. Ha comprato un pacchetto di biscotti e si è seduta nella sala VIP per stare più tranquilla. Accanto a lei c'è una sedia con i biscotti e dall'altro lato un signore che sta leggendo il giornale. Quando lei prende il primo biscotto, anche l'uomo ne prende uno. Lei si sente indignata, non dice nulla e continua a leggere il suo libro. Ma pensa: "Che maleducato! Se me lo _____ (*lui - chiedere*), glielo _____ (*io - offrire*) volentieri." Ogni volta che lei prende un biscotto l'uomo, come se niente fosse, ne prende uno anche lui. "Gli _____ (*io - dire*) qualcosa - pensa la ragazza -, se solo ne _____ (*io - avere*) il coraggio!" Quando rimane un solo biscotto l'uomo, prima che lei lo prenda, lo divide a metà. "Ah, questo è troppo! Che faccia tosta: se mi _____ (*lui - lasciare*) almeno l'ultimo!" Sbuffando si alza, prende le sue cose e se ne va.

Quando si sente un po' meglio e le è passata la rabbia, la ragazza apre la borsa per metterci il libro e vede che il suo pacchetto di biscotti è lì ed è ancora tutto intero! "Oddio, che figura! Se _____ (*io - accorgersene*) prima!" Solo allora capisce che l'uomo aveva un pacchetto di biscotti uguale al suo e che li aveva condivisi con lei senza sentirsi né indignato né offeso. E pensa: "Se non _____ (*noi - giudicare*) gli altri dall'apparenza, _____ (*noi - evitare*) di arrivare a conclusioni sbagliate. Quell'uomo ha persino diviso il suo ultimo biscotto con me... Come _____ (*essere*) diversa la vita, se tutti noi _____ (*sapere*) condividere le nostre cose con gli altri..."

E tu, come _____ (*comportarsi*) se _____ (*trovarsi*) in questa situazione?

Secondo te quale di queste espressioni significa che non bisogna giudicare una persona dall'apparenza?

a) L'apparenza non è sostanza. ❏
b) L'apparenza inganna. ❏
c) L'apparenza ha le gambe corte. ❏

Concordanze dei modi e tempi verbali

Concordanze dei tempi dell'indicativo

Frase principale *al presente*

So che *presente*

- *azione futura* → Marco **va / andrà** in montagna la settimana prossima. *indicativo presente/futuro* → *per indicare un'azione futura rispetto a quella della principale*

- *azione contemporanea* →
  - Marco **va** in montagna. *indicativo presente* → *per indicare un'azione contemporanea a quella della principale*
  - Marco **sta andando** in montagna. *"stare + gerundio" all'indicativo presente* → *per indicare un'azione in corso*

- *azione passata* →
  - Marco **è andato** in montagna la settimana scorsa.
  - Marco, da bambino, **andava** spesso in montagna. *indicativo passato prossimo o imperfetto* → *per indicare un'azione passata rispetto a quella della principale, secondo le funzioni tipiche dei due tempi (vedi capitoli ad essi relativi)*

Frase principale *al passato*

- **Ho saputo** che *passato prossimo*
- **Sapevo** che *imperfetto*
- **Avevo saputo** che *trapassato prossimo*
- **Seppi** che *passato remoto*

- *azione futura* → Marco **andava / sarebbe andato** in montagna la settimana dopo. *indicativo imperfetto/condizionale composto* → *per indicare un'azione futura rispetto a quella della principale*

- *azione contemporanea* →
  - Marco **andava** in montagna. *indicativo imperfetto* → *per indicare un'azione contemporanea a quella della principale*
  - Marco **stava andando** in montagna. *"stare + gerundio" all'indicativo imperfetto* → *per indicare un'azione in corso*

- *azione passata* →
  - Marco **era andato** in montagna la settimana prima.
  - Marco, da bambino, **andava** spesso in montagna. *indicativo trapassato prossimo o imperfetto* → *per indicare un'azione passata rispetto a quella della principale, secondo le funzioni tipiche dei due tempi (vedi capitoli ad essi relativi)*

Concordanze dei tempi del congiuntivo

Frase principale
al presente

Frase subordinata

Penso che
presente

azione futura →

Marco **vada / andrà** in montagna la settimana prossima. *congiuntivo presente o indicativo futuro → per indicare un'azione futura rispetto a quella della principale*

azione contemporanea →

Marco **vada** in montagna.
congiuntivo presente → per indicare un'azione contemporanea a quella della principale

Marco **stia andando** in montagna.
"stare + gerundio" al congiuntivo presente → per indicare un'azione in corso

azione passata →

Marco **sia andato** in montagna la settimana scorsa.

Marco, da bambino, **andasse** spesso in montagna. *congiuntivo passato o imperfetto → per indicare un'azione passata rispetto a quella della principale, secondo le funzioni tipiche dei due tempi (vedi capitoli ad essi relativi)*

Frase principale
al passato

Frase subordinata

Ho pensato che
passato prossimo

Pensavo che
imperfetto indicativo

Avevo pensato che
trapassato prossimo

Pensai che
passato remoto

azione futura →

Marco **andasse / sarebbe andato** in montagna. *congiuntivo imperfetto/condizionale composto → per indicare un'azione futura rispetto a quella della principale*

azione contemporanea →

Marco **andasse** in montagna.
congiuntivo imperfetto → per indicare un'azione contemporanea a quella della principale

Marco **stesse andando** in montagna.
"stare + gerundio" al congiuntivo imperfetto → per indicare un'azione in corso

azione passata →

Marco **fosse andato** in montagna.

Marco, da bambino, **andasse** spesso in montagna. *congiuntivo trapassato o imperfetto → per indicare un'azione passata rispetto a quella della principale, secondo le funzioni tipiche dei due tempi (vedi capitoli ad essi relativi)*

*Con i verbi di **desiderio** e di **volontà** al condizionale nella frase principale:*

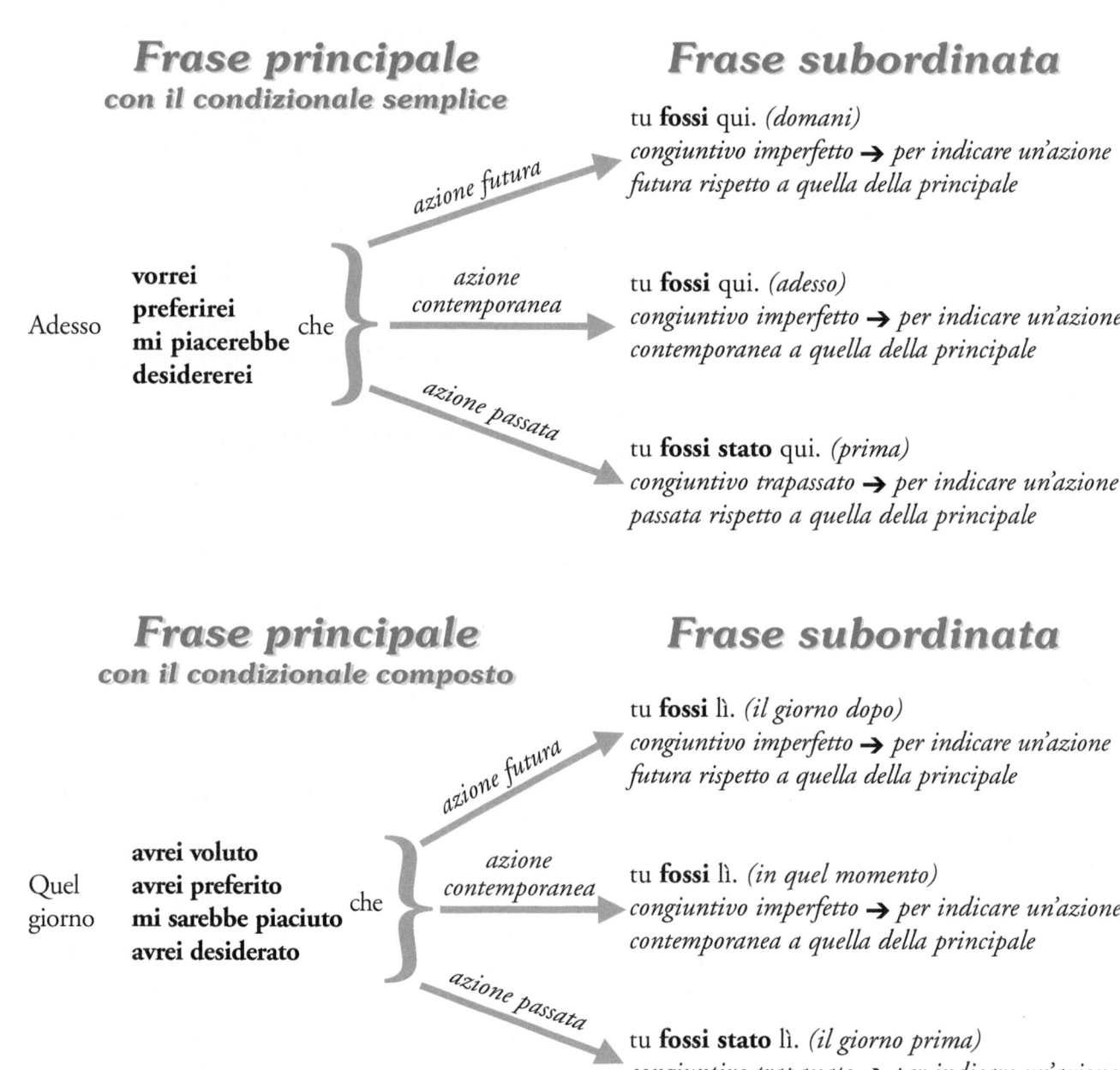

Esercizi

1 Gentile Signora Giovanna...
Eva è appena tornata dall'Italia dove ha trascorso due mesi per imparare la lingua. Questa è l'e-mail che scrive alla signora che l'ha ospitata. Scegli la forma corretta dei verbi.

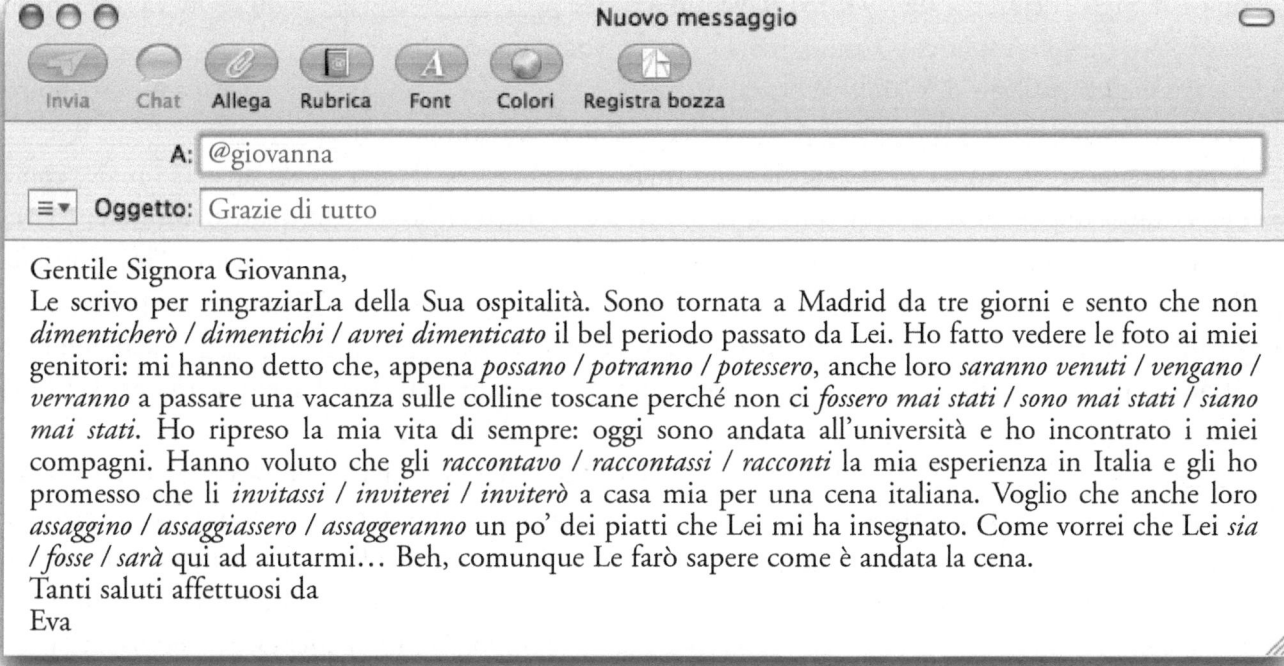

Gentile Signora Giovanna,
Le scrivo per ringraziarLa della Sua ospitalità. Sono tornata a Madrid da tre giorni e sento che non *dimenticherò / dimentichi / avrei dimenticato* il bel periodo passato da Lei. Ho fatto vedere le foto ai miei genitori: mi hanno detto che, appena *possano / potranno / potessero*, anche loro *saranno venuti / vengano / verranno* a passare una vacanza sulle colline toscane perché non ci *fossero mai stati / sono mai stati / siano mai stati*. Ho ripreso la mia vita di sempre: oggi sono andata all'università e ho incontrato i miei compagni. Hanno voluto che gli *raccontavo / raccontassi / racconti* la mia esperienza in Italia e gli ho promesso che li *invitassi / inviterei / inviterò* a casa mia per una cena italiana. Voglio che anche loro *assaggino / assaggiassero / assaggeranno* un po' dei piatti che Lei mi ha insegnato. Come vorrei che Lei *sia / fosse / sarà* qui ad aiutarmi... Beh, comunque Le farò sapere come è andata la cena.
Tanti saluti affettuosi da
Eva

2 L'amore è cieco
Completa questo messaggio d'amore con i verbi all'indicativo o al congiuntivo.

Tanti auguri amore mio,   7 dicembre
ti ricordi che giorno è oggi? "È lunedì – penserai – e allora?"
Dopo tanti anni di vita insieme ancora non riesco a credere come tu _____ (potere) dimenticarti sempre le date importanti! All'inizio non sopportavo che _____ (tu - tornare) a casa senza un fiore il giorno del nostro anniversario o che non mi _____ (tu - invitare) a cena per il mio compleanno, ma con il tempo _____ (io - imparare) a conoscerti e ho capito che non _____ (essere) questo il tuo modo di amare. Non ti piace che gli altri ti _____ (obbligare) a rispettare le convenzioni perché tu _____ (dare) il tuo amore a piccole dosi, tutti i giorni, nella quotidianità. E per questo ti amo. Mi piace che mi _____ (tu - portare) il caffè a letto ogni mattina, che _____ (tu - preoccuparsi) quando sono troppo seria, che tu _____ (essere) sempre pronto a coccolarmi. So che tu vorresti che _____ (io - essere) un po' meno ordinata, ma che vuoi farci? Adoro quella tua faccia disperata quando non _____ (tu - trovare) niente e dici "Topolina, dove saranno i miei occhiali?" e vuoi che li _____ (cercare) io perché non ci vedi. Ma, si sa, l'amore è cieco. E nel tuo disordine hai lasciato anche questa data: oggi sono dieci anni che stiamo insieme. Sei la persona più distratta che io _____ mai _____ (conoscere), ma ne è valsa la pena.
Ti abbraccio forte
Ale

Concordanze dei modi e tempi verbali

3 L'italiano medio del Nord
Completa il testo con i verbi al modo e tempo corretti. I verbi della lista sono in ordine.

> *andare affittare essere rendersi conto scappare cambiare studiare contribuire imparare avere partire accompagnare scegliere parlare allontanarsi essere continuare*

Mario Mattarozzi, la moglie Annamaria e la figlia Rossana abitano a Cremona e rappresentano la tipica famiglia dell'Italia del Nord. Da ventidue anni _____ sempre in vacanza nello stesso posto, sull'Adriatico. L'anno scorso, però, volevano cambiare e _____ un appartamento sul lago di Garda. Pensavano che _____ importante conoscere posti nuovi ma, poco dopo, _____ che la nostalgia era troppo forte: "_____ dopo tre giorni - racconta Mario - e siamo tornati sull'Adriatico." Stessa spiaggia, stesso mare, come diceva una famosa canzone degli anni sessanta. E stessa azienda: sono ventiquattro anni che Mario lavora alla Telecom, che nel frattempo _____ nome e ora si chiama Tim. La figlia Rossana, diciottenne, _____ ancora e frequenta un corso di danza, però i genitori vogliono che lei _____ al bilancio familiare affinché _____ a dare il giusto valore ai soldi. E così Rossana il sabato e la domenica lavora in una pizzeria. L'estate scorsa per la prima volta _____ il permesso di fare le vacanze con gli amici. Prima che lei _____, suo padre ha voluto conoscere i loro genitori e ha voluto accertarsi che fossero ragazzi seri. A Natale, alla signora Mattarozzi piace passeggiare per Cremona e vuole che il marito la _____ nei negozi e _____ con lei le cose buone da mangiare per le feste. Mario ama stare in famiglia però non sopporta che si _____ di politica ed è preoccupato per la pensione, che _____ sempre più nel tempo. Non si lamenta dei servizi della sua città ma, quando ha saputo che il nuovo sindaco _____ un medico, ha pensato: "Sarebbe stato meglio se _____ a lavorare in ospedale, invece di dedicarsi alla politica."

4 L'italiano medio del Sud
Completa il testo con i verbi al modo e tempo corretti. I verbi della lista non sono in ordine.

> *migliorare portare lavorare fare preferire rimanere piacere lasciare avere riuscire andarsene ripetere essere suonare*

Antonio Cafaro ha quarantacinque anni e abita ad Altavilla, un piccolo paese della Campania. Quando era giovane, è emigrato in Germania dove c'era la sorella che _____ in una fabbrica di cioccolato. Ma gli mancava troppo l'Italia e, dopo qualche anno, ha avuto un impiego alle Poste, in Lombardia. Anche la Lombardia, però, era troppo lontana e Antonio _____ a ottenere un posto ad Altavilla, dove oggi _____ il bidello in un liceo scientifico. È contento di essere al suo paese ma a volte si chiede: "Come sarebbe stata la mia vita al Nord, se _____ lì? _____ fortuna o no?" Antonio è sposato con Luigia e ha due figli: Giuseppe, di diciannove anni, disoccupato, e Aurora, di diciassette, che frequenta le scuole superiori. Antonio Cafaro è un po' arrabbiato perché sperava che al Sud le cose _____ e invece ci sono sempre gli stessi problemi: pochi servizi e molta disoccupazione. "Purtroppo anche Giuseppe _____ la scuola, come avevo fatto io - dice Antonio - e questa è la cosa che mi ha fatto più male perché non volevo che _____ i miei stessi errori. So che _____ dal paese: credo che _____ un suo diritto." Per convincere il figlio a rimanere, Antonio Cafaro ha comprato quarantun piante di olivo: danno olio buono per tutta la famiglia e sono sempre un investimento per il futuro. Mentre la nonna _____ in tavola la pasta con la ricotta e il sugo di carne, dalla finestra si sente il maestro della banda municipale che _____ insieme ai suoi ragazzi. "Non è che il mio paese non mi _____ - dice Giuseppe - è che _____ venirci da turista."

5 La gita a Farfa
Scegli la forma verbale corretta.

Mentre eravamo ancora a tavola, mio cognato disse brusco: "Se vogliamo fare questa gita a Farfa, non bisogna mettersi a dormire, altrimenti si fa tardi." In verità nessuno aveva parlato di una gita a Farfa e io *avrei preferito / preferirei* riposare un po' dopo mangiato. Credo che della stessa opinione *siano / fossero* anche la zia Jole e le mie sorelle, a giudicare dal silenzio che accolse la frase. Poi pensai che mi *farebbe / avrebbe fatto* bene. Era un bel pomeriggio d'inverno ed era meglio impiegarlo con una gita piuttosto che con un pisolino, che mi *lascerebbe / avrebbe lasciato* scontento e insoddisfatto. Mio padre, che *era già andato / è già andato* a fare il suo sonnellino pomeridiano, fu svegliato affinché *dicesse / dica* se voleva partecipare o no. Così, dopo cinque minuti, spronati da mio cognato che andava di camera in camera svegliando i pigri della famiglia, *ci ritrovammo / ci ritroveremmo* tutti stretti come sardine nella sua macchina. Non ho mai capito come *potrebbe / potesse* entrarci tanta gente. Avevamo anche dovuto fare una piccola commedia affinché la donna di servizio non *capisse / avesse capito* che uscivamo a divertirci. Di solito partecipava anche lei alle gite e l'esserne esclusa l'*avrebbe offesa / offenderebbe*. Ma quella volta non c'era posto nella macchina. Così *inventammo / inventassimo* che dovevamo andare a trovare un parente malato e uscimmo di casa uno alla volta, senza che lei ci *avesse visto / vedesse*. Ma lei mangiò la foglia* perché, mentre la macchina, stracarica e scassatissima, scendeva per la strada ripida, *si affacciò / si affacciava* sulla porta e, con profonda amarezza, ci gridò: "Buona passeggiata!"

(adattato da Achille Campanile, *Manuale di conversazione*)

* **Che cosa significa l'espressione "mangiare la foglia"?**
a) Intuire un inganno. ❏
b) Arrabbiarsi per un'azione scorretta. ❏
c) Dire una bugia. ❏

6 Patti chiari, amicizia lunga
Completa il testo con i verbi ai modi e tempi adeguati. Puoi scegliere tra indicativo, congiuntivo e condizionale.

Non potevo continuare a fare tutto da solo. Adesso che Anna non poteva più aiutarmi, avevo bisogno di qualcun altro che mi _____ (*dare*) una mano in negozio. Quel freddo autunno mi ricordava, ogni gelida mattina, che poco dopo _____ (*cominciare*) un altro maledettissimo inverno che mi _____ (*sconvolgere*). Una di quelle fredde mattine Silvestro Barsi entrò per la seconda volta nel mio negozio. Era ancora più trasandato delle due volte precedenti che lo _____ (*vedere*). A guardargli gli occhi, sembrava che non _____ (*dormire*) mai. Mi salutò e _____ (*cominciare*) a girare per gli scaffali pieni di fumetti, alla ricerca di qualcosa. Poi _____ (*prendere*) un vecchio numero di una gloriosa serie del passato e con l'aria soddisfatta _____ (*venire*) verso di me. Dopo aver pagato, mi domandò come _____ (*stare*) andando il concorso per fumettisti che _____ (*io - organizzare*).
"Bene" - risposi. Ed era un peccato che a lui non _____ (*interessare*) incontrare l'editore, perché il suo "Blackhole Zeek" stava vincendo.
"Come mai di nuovo da queste parti?" - gli domandai.
"_____ (*cercare*) lavoro - mi rispose - Conosci qualcuno che _____ (*volere*) assumermi? Qualsiasi lavoro che non _____ (*avere*) bisogno di esperienza…" - mi domandò grattandosi la nuca con una mano.
No, non conoscevo nessuno, stavo tutto il giorno chiuso in quel negozio… però avevo bisogno di qualcuno che mi _____ (*aiutare*), e forse lui _____ (*potere*) lavorare per me.
"Ascolta: mi serve qualcuno che _____ (*lavorare*) qui in negozio, se non hai nient'altro da fare mi potresti dare una mano: _____ (*dovere*) fare solo poche cose ed io poco ti _____ (*potere*) pagare" - gli dissi con tono amichevole e professionale insieme.
"Poco quanto?" - domandò con aria interessata e diffidente.
"Poco" - gli risposi risoluto.
"Per quanto tempo?"
"Non per molto, giusto il tempo che tu _____ (*trovare*) un posto migliore e io qualcuno che _____ (*essere*) disposto a prendere meno di te."
A lui non sembrò una cattiva idea e _____ (*noi - mettersi*) d'accordo con una stretta di mano. Da come la strinse, _____ (*io - capire*) che Silvestro, in fondo, non era quel deficiente che mi era sembrato.

(adattato da Luigi De Luca, *Sogni sfocati*)

7 Ritorno in Lucania
Completa il testo con i verbi della lista.

aveva	sia venuto	ho mai visto	andai	fosse	girai
sono mai stato	*preferisco*	abbia visto	possa	guardavo	fu	abbia

Torno in Lucania, **preferisco** chiamarla così, come quando da bambino _____ una vecchia mappa dell'Italia che non _____ ancora la divisione fra Abruzzo e Molise.
Ci venni spesso da studente di architettura, _____ in lungo e in largo Matera, i Sassi, all'epoca ancora non abitati. _____ proprio in quegli anni che quell'insieme all'apparenza indistinto di grotte abitate dalla preistoria sino ai giorni nostri, veniva dichiarata patrimonio

dell'umanità dall'Unesco. L'ultima volta che _____ in Lucania ero con mia moglie e ancora non sapevamo che _____ incinta della nostra prima figlia. Ed eccomi di nuovo qui, ma in una parte della regione che non _____. Torno, insomma, in un posto dove non _____.

A conti fatti non so bene cosa _____ a fare qui. Sono una mente semplice, non so parlare di nulla che non _____ con i miei occhi. La Basilicata è stretta fra regioni più grandi e sembra che non _____ un'identità precisa. Anche arrivarci è più complicato di quanto si _____ immaginare. Niente aeroporti, pessimi collegamenti ferroviari... A ovest non è abbastanza campana, a est non abbastanza pugliese: è lucana! E la sua bellezza sta proprio qui, nel suo essere terra di mezzo, terra di confine.

(adattato da *Gianni Biondillo, Diario del Pollino*)

8 *La storia dei Baci Perugina*
Leggi l'intervista e poi trasformala al passato, come nell'esempio.

Quando nascono i Baci Perugina, i cioccolatini più famosi d'Italia?
La storia dei Baci Perugina inizia nel 1922 a Perugia, grazie a una donna eccezionale, Luisa Spagnoli.
Chi è Luisa Spagnoli?
È una imprenditrice molto innovativa per quei tempi. Appena sposata, lavora in un negozio di drogheria nel centro di Perugia, che alcuni anni dopo diventerà il primo laboratorio della famosa fabbrica Perugina.
Un laboratorio piccolo, giusto?
Sì, assolutamente. Ma nel 1922 Luisa cambierà il destino della Perugina. In azienda c'è l'abitudine di buttare, a fine giornata, il cioccolato e la granella di nocciola non usati. Ecco allora la proposta della signora Spagnoli: invece di buttarli, sarebbe meglio utilizzarli per fare un cioccolatino!
Un'idea geniale e anche attuale...
Esatto, anticipando i nuovi stili di vita antispreco, l'imprenditrice non vuole che la Perugina sprechi ingredienti di qualità.
E qui inizia la fortuna del "Bacio Perugina"...
Sì, proprio così... attenzione però! All'inizio questo cioccolatino non si chiama "bacio", ma "cazzotto": a Luisa, infatti, sembra che questi cioccolatini abbiano una forma che ricorda le nocche di una mano chiusa in un pugno.
Ma "cazzotto" è un nome strano per un cioccolatino....
A dire il vero, neanche Giovanni Buitoni, che ha una relazione con Luisa Spagnoli, è convinto di questo nome: gli pare che non sia adatto per qualcosa di dolce come un cioccolatino. E così il "cazzotto" si trasforma in "Bacio", perfetto anche per ricordare l'amore di Giovanni per Luisa. Il Bacio Perugina, avvolto insieme al suo messaggio nella carta d'argento, diventa quindi un'icona dell'amore universale.

(adattato da *perugina.com*)

Quando sono nati i Baci Perugina, i cioccolatini più famosi d'Italia?
_____
_____
_____
_____
_____

La forma passiva

Costruzione della forma passiva

- Nella **forma attiva** il soggetto fa l'azione.

  La Questura **rilascia** il permesso di soggiorno.
  soggetto — oggetto

  Nella **forma passiva** il soggetto subisce l'azione.

  Il permesso di soggiorno **è rilasciato** dalla Questura.
  soggetto — compl. d'agente

- Nella forma passiva chi fa l'azione si chiama "complemento d'agente". Esso è sempre introdotto dalla preposizione **da**. Non è sempre necessario specificarlo.

  Il permesso di soggiorno **è rilasciato** dalla Questura.
  (da chi?) → **dalla Questura**.
  compl. d'agente

La forma passiva si può costruire in diversi modi:

- con il verbo **essere** + il **participio passato**.

  forma attiva: Il fornaio **fa** la focaccia.
  forma passiva: La focaccia **è fatta** dal fornaio.

  Questa forma si può usare con **tutti i tempi** verbali: il verbo **essere** va coniugato allo stesso tempo del verbo della forma attiva e il **participio** deve concordare con il soggetto.

  forma attiva: Il fornaio **ha fatto** la focaccia.
  passato prossimo
  forma passiva: La focaccia **è stata fatta** dal fornaio.
  passato prossimo + participio

- con il verbo **venire** + il **participio passato**.
  Il significato della frase non cambia.

  forma attiva: Una volta **facevano** il pane in casa.
  forma passiva: Una volta il pane **veniva fatto/era fatto** in casa.

  Si può usare **venire** solo se la forma attiva è costruita con un **tempo semplice** (presente, imperfetto, futuro, passato remoto, ecc.).

  forma attiva: **Consegneremo** i pacchi a domicilio.
  forma passiva: I pacchi **verranno consegnati** a domicilio.

- con **dovere, potere, volere** al tempo/modo necessario + **essere** + il **participio passato**.

  L'iscrizione al corso **dovrà essere effettuata** entro il 25 settembre.

  I libri **possono essere presi** in prestito solo dagli studenti della facoltà.

  Quando ero piccola non **volevo** mai **essere accompagnata** a scuola.

  Per esprimere l'idea di obbligatorietà si può usare anche il verbo **andare** + il **participio passato**, ma solo con i tempi semplici.

  I vestiti colorati **vanno lavati** a 30 gradi.
  = I vestiti colorati **devono essere lavati** a 30 gradi.

- con **si** + *verbo alla 3ª pers. sing. o plurale*.
  (si passivante)

La 3ª persona deve concordare con il soggetto della frase. Quando si usa questa costruzione non è possibile specificare il complemento d'agente perché la frase ha un valore impersonale.

Il tiramisù **si fa** con il mascarpone.
(= *Il tiramisù* **è / viene fatto** *con il mascarpone*)

Gli spaghetti non **si mangiano** con il cucchiaio, **il cucchiaio si usa** per la minestra.

Di solito con il pesce **si beve** il vino bianco.

Negli annunci commerciali la particella "si" è dopo il verbo e forma con esso un'unica parola.

Se il soggetto è plurale si toglie l'ultima lettera della desinenza e si aggiunge la particella "si" formando un'unica parola.

Uso della forma passiva

La forma passiva è una delle strategie che si usa per dare più enfasi all'azione che al soggetto che la compie. Si usa per:

- *spiegare regole e procedure;*

- *raccontare fatti;*

- *fare critiche in modo indiretto.*

I cani **devono essere tenuti** al guinzaglio.

Le spiagge **sono state pulite** dai volontari.

Questo lavoro non **andava fatto** così!

Esercizi

1 Denunciata per foto al funerale
Leggi questo breve articolo di cronaca e indica la forma corretta.

Sandra D., una donna americana residente da pochi mesi in un paesino della provincia di Palermo, *è stata denunciata / è venuta denunciata* ieri mattina dalla sua vicina di casa. La signora *è stata sorpresa / è sorpresa* mentre fotografava i paramenti a lutto e il funerale del marito della signora R. L., che abita nella villetta accanto alla sua. La signora Sandra *si attraeva / era stata attratta* dai bei fiori e dai velluti con cui la casa della vicina *andava "abbellita" / era stata "abbellita"* e così ha pensato di fare un piccolo reportage sul folclore italiano. Questo è quanto ha dichiarato, scusandosi, ai carabinieri, i quali le hanno spiegato che in Italia *si mettono / si mette* fiori e velluti quando muore una persona. E che a un funerale non *si fanno / devono essere fatto* mai fotografie, ma solo le condoglianze. Insomma, certe cose non *si fa / si fanno* e, se proprio è così importante, *andrebbe chiesto / verrebbe chiesto* almeno il permesso. L'equivoco è finito bene: le scuse *sono state accettate / sono venute accettate* e la denuncia *è andata ritirata / è stata ritirata*.

2 Notizie di cronaca
Trasforma queste notizie di cronaca dalla forma attiva alla forma passiva, come nell'esempio.

a. Avvistato coccodrillo nel Tevere a Roma

Una donna ha visto <u>un coccodrillo</u> nel Tevere.

Un coccodrillo è stato visto nel Tevere da una donna.

Ha avvertito subito <u>i carabinieri.</u>

_____

I carabinieri hanno valutato <u>la segnalazione della donna.</u>

_____

La settimana prima, infatti, un signore aveva chiamato <u>i carabinieri</u> per lo stesso motivo.

_____

I carabinieri hanno mandato <u>una squadra di sommozzatori.</u>

_____

I sommozzatori, nonostante lunghe e accurate ricerche, non hanno trovato l'<u>animale.</u>

_____

b. Farmacia rapinata tre volte: il bandito sarebbe sempre lo stesso

In poco più di un mese hanno compiuto tre furti nella stessa farmacia.
_____
_____

La cosa incredibile è che lo stesso ladro avrebbe commesso queste tre rapine.
_____
_____
_____

Anche ieri sera il giovane, armato, ha rubato l'incasso della farmacia.
_____

Il bottino, tuttavia, è stato magro: la proprietaria della farmacia aveva appena depositato i soldi in banca.
_____

c. Trovato un pozzo romano sotto il Teatro alla Scala di Milano

Durante l'opera di ristrutturazione del teatro alla Scala, hanno ritrovato un pozzo romano.
_____
_____

Hanno subito sospeso i lavori.
_____
_____

Attendono con impazienza il parere degli esperti.
_____

Quando l'impresa potrà riprendere i lavori, ristrutturerà la platea.
_____

Successivamente miglioreranno l'acustica e sistemeranno i palchi.
_____

La forma passiva

3 Sei consigli per mangiare sano
Completa questi consigli usando la forma passiva con il verbo "potere", come nell'esempio.

1. Le verdure __possono essere cucinate__ (*cucinare*) a vapore o con il microonde.
2. I piatti _____ (*insaporire*) con spezie e olio d'oliva al posto di salse e maionese, troppo ricche di grassi.
3. Ai formaggi _____ (*abbinare*) i piselli perché riducono l'assorbimento dei grassi.
4. Insalata e verdure _____ (*lavare*) il giorno prima del consumo: l'importante è non tagliarle, per evitare di eliminare troppe vitamine.
5. Gli avanzi di pollo e tacchino _____ (*riutilizzare*) come ingredienti per un'insalata mista che diventa un ottimo piatto unico.
6. Il pesce è un alimento sano perché _____ (*cuocere*) in meno tempo rispetto alla carne, conservando così tutte le sue proprietà nutrienti.

4 Dieci regole per viaggiare sicuri
Trasforma le frasi nella forma passiva che esprime obbligatorietà ("andare" o "dovere").

1. Rispettare i limiti di velocità.
   I limiti di velocità vanno rispettati. / I limiti di velocità devono essere rispettati.

2. Allacciare le cinture.

3. Mantenere la distanza di sicurezza.

4. Utilizzare la corsia più libera a destra.

5. In caso di incidente mettere il triangolo a 90 metri di distanza dall'auto.

6. In autostrada accendere i fari anabbaglianti anche durante il giorno.

7. Non bere alcolici.

8. Prima di partire controllare le condizioni del veicolo.

9. Far sedere i bambini nel seggiolino.

10. Indicare sempre con la freccia il cambiamento di corsia.

5 Il caffè
a. Completa il testo usando la forma passiva con il "si".

CHE COS'È
La "Coffea Arabica" _____ (*coltivare*) sia al livello del mare che in montagna. La pianta diventa produttiva verso i sei anni di età e può durare fino a 30 anni. Il caffè _____ (*raccogliere*) due o tre volte all'anno. I frutti _____ (*seccare*) all'aria aperta, poi _____ (*aprire*) e _____ (*prendere*) i grani che _____ (*fare*) seccare in forno. Da un quintale di frutti _____ (*ricavare*) circa 20 chili di caffè. Prima di essere consumato, il caffè _____ (*tostare*): questa operazione si chiama *torrefazione*. Il caffè _____ (*riscaldare*) lentamente fino a una temperatura di 200-220 gradi e _____ (*mescolare*) continuamente in modo da dargli il tipico aroma e renderlo più solubile in acqua. In Italia ci sono molte torrefazioni dove si può bere un ottimo caffè appena tostato.

b. Ora usa la forma passiva con il verbo "andare".

COME SI FA
In Italia, il modo più tradizionale di preparare il caffè è con la caffettiera "napoletana". È una macchinetta composta da due contenitori uniti da un filtro che _____ (*riempire*) con polvere di caffè.
L'acqua _____ (*versare*) nella parte alta che poi _____ (*rovesciare*) e _____ (*mettere*) a contatto con il fuoco. Quando l'acqua bolle, la macchinetta _____ (*capovolgere*) un'altra volta, così l'acqua che passa attraverso il caffè scende nella parte bassa della caffettiera. Il caffè preparato in questo modo ha un aroma e un sapore inconfondibili. Provare per credere!

6 La storia della pizza
Riscrivi il testo trasformando i verbi *in corsivo* dalla forma attiva alla forma passiva, facendo le modifiche necessarie, come nell'esempio.

In tempi antichissimi la pizza era una specie di focaccia di grano che i Romani *chiamavano* "picea", da cui deriva "pizza". La *riempivano* con una farcitura, poi la *piegavano* in due e la *cuocevano* su pietre riscaldate: si trattava, insomma, di un calzone. La forma attuale della pizza risale all'inizio del XIX secolo, quando il pomodoro divenne il protagonista di questo piatto. A Napoli, nel 1830, *aprirono* la prima pizzeria. Prima di allora dei pizzaioli ambulanti *preparavano* e *vendevano* le pizze per la strada. *Amavano* la pizza soprattutto le classi sociali più povere, ma poi la *apprezzarono* anche gli aristocratici. Il pizzaiolo Raffaele Esposito *inventò* la pizza "Margherita" nel 1889 in onore della regina Margherita di Savoia e fu proprio per lei che *scelse* ingredienti che avevano gli stessi colori della bandiera italiana: il basilico per il verde, la mozzarella per il bianco e il pomodoro per il rosso.

In tempi antichissimi la pizza era una specie di focaccia di grano che dai Romani era / veniva chiamata "picea", da cui deriva "pizza".

18 La forma passiva

7 Critiche: come farle e come reagire quando si ricevono
Leggi questo testo e inserisci le parti mancanti, scegliendo tra quelle della lista.

> è stata fatta   possono essere espresse   è stato detto   può essere superato
> viene definita   vengono formulate   vanno intese
> andrebbero accettate   viene rivolta   viene messa

La critica _____ come la verbalizzazione di un pensiero o, più precisamente, di un giudizio. Le critiche _____ in modo diretto, verbalmente o per iscritto, o in modo indiretto attraverso gli atteggiamenti che una persona ha nei nostri confronti. Le critiche generiche e negative, senza riferimento a un problema specifico, non sono utili perché non portano miglioramenti e l'autostima di una persona _____ in pericolo. Questo tipo di critiche non _____ e si dovrebbe reagire senza arrabbiarsi, utilizzando parole che riducano l'aggressività dell'interlocutore. Le critiche costruttive, invece, _____ per aiutarci a migliorare qualcosa che abbiamo fatto o qualche aspetto del nostro carattere. Certo, non è mai facile accettare una critica perché sottintende un giudizio nei nostri confronti, soprattutto quando ci si sente attaccati con toni o parole troppo forti. Dobbiamo ricordare che le critiche positive si riferiscono a un problema specifico che _____, quindi non _____ come un attacco personale al quale rispondere con aggressività o chiudendosi in sé stessi. Alle critiche si può reagire in modi differenti, ma anziché assumere un atteggiamento di difesa, bisognerebbe analizzare con calma se ci sia anche una parte di verità in quanto ci _____. Per reagire in modo costruttivo, la prima cosa da fare è dimostrare di tenere in considerazione l'osservazione che ci _____, con l'obiettivo che la situazione non si ripeta nuovamente. L'ansia e il disagio che si provano quando si affronta il giudizio degli altri deriva dal fatto che spesso non sappiamo come far fronte a una critica che ci _____. Una critica, invece, è sempre un'opportunità per aprire la strada a un dialogo con l'altra persona.

8 Rifletti sulla lingua
A che cosa serve la forma passiva? Segna con una X quali funzioni esprime in ogni esercizio. Ci possono essere più funzioni nello stesso testo.

	spiegare regole e procedure	raccontare fatti	fare critiche in modo indiretto
Denunciata per foto al funerale			
Notizie di cronaca			
Sei consigli per mangiare sano			
Dieci regole per viaggiare sicuri			
Il caffè			
La storia della pizza			
Critiche: come farle e come reagire quando si ricevono			

I modi indefiniti

- *I modi indefiniti sono tre: l'**infinito**, il **gerundio** e il **participio**. Si chiamano "indefiniti" perché non specificano il soggetto. Si usano in frasi chiamate "implicite". Le frasi "implicite" possono essere trasformate in "esplicite" coniugando il verbo in un modo finito (indicativo, condizionale, imperativo, congiuntivo).*

Questa volta so **di avere** ragione. (*implicita*)
Questa volta so **che ho** ragione. (*esplicita*)

Tornando a casa, mi fermo da te. (*implicita*)
Mentre torno a casa, mi fermo da te. (*esplicita*)

Preso il caffè sono rientrato in ufficio. (*implicita*)
Dopo che ho preso il caffè sono rientrato in ufficio. (*esplicita*)

L'infinito

- *L'infinito ha due forme, una **semplice** e una **composta**.*

Spero di **capire** tutte le istruzioni.
(*infinito semplice*)

Spero di **aver capito** tutte le istruzioni.
(*infinito composto*)

- *L'**infinito semplice** ha tre desinenze:*
  *-**are**;   -**ere**;   -**ire***

Mangi**are**, ved**ere** gli amici, dorm**ire**: solo questo ti piace fare!

- *L'**infinito composto** si costruisce con l'infinito di **essere/avere** + il **participio passato**. Quando si usa **essere**, il participio passato concorda con il soggetto a cui si riferisce.*

Dopo **essere partiti**, si sono ricordati di non **aver preso** il passaporto.

- *I **pronomi** vanno sempre dopo l'infinito e formano con esso una sola parola. La "e" finale dell'infinito cade. Se con l'infinito composto c'è un **pronome diretto**, il participio passato concorda con esso.*

- Sei andata a prendere i bambini a scuola?
- Sì e dopo aver**li** accompagna**ti** in piscina, mi hanno chiesto di portar**li** anche al parco.

- *L'**infinito semplice** indica **contemporaneità** o **posteriorità** rispetto al presente, al passato e al futuro.*

Lavoro
Lavoravo } per **vivere**.
Lavorerò

- *L'**infinito composto** indica **anteriorità** rispetto al presente, al passato e al futuro.*

Dopo **aver mangiato**. { faccio
ho fatto un pisolino.
farò

I verbi italiani

Uso dell'infinito

- L'infinito si può usare sia in **frasi indipendenti** che **dipendenti**.

> **Cuocere** la pasta per 9 minuti.
> (*frase indipendente*)
>
> Vorrei **fare** il giro del mondo.
> (*frase dipendente: "fare" dipende da "vorrei"*)

- Si usa in maniera **indipendente** per dare istruzioni e ordini.

> **Accendere** il dispositivo e **inserire** il PIN. **Non spegnere** finché l'operazione non è conclusa.

- Si usa in maniera **dipendente**:
  - con i verbi **servili** (dovere, potere, volere) e fraseologici (vedi a pag. 150).

> **Devo ricordarmi** di telefonare ad Anna.
>
> Il film **sta per cominciare**.

  - in molte frasi implicite:

	FORMA IMPLICITA	FORMA ESPLICITA
insieme ai verbi di percezione **vedere** e **sentire**;	**Ho visto** il treno **partire**. **Ho sentito** qualcuno **urlare**.	**Ho visto che** il treno **partiva**. **Ho sentito che** qualcuno **urlava**.
con i verbi che vogliono la preposizione "**di**";	**So di aver sbagliato.** **Hanno deciso di comprare** una macchina.	**So che ho sbagliato.** **Hanno deciso che compreranno** una macchina.
con valore temporale (**quando?**);	**Dopo aver avviato** la videochiamata, ho condiviso il file.	**Dopo che avevo avviato** la videochiamata, ho condiviso il file.
con valore causale (**perché?**);	Hanno preso la multa **per essere passati** con il rosso.	Hanno preso la multa **perché sono passati** con il rosso.
con valore finale (**con quale scopo?**);	Laura aveva portato la pastiera **per farcela assaggiare**.	Laura aveva portato la pastiera **affinché** la **assaggiassimo**.
con valore consecutivo (**con quale conseguenza?**);	Ero così stanco **da dormire** in qualunque posto.	Ero così stanco **che avrei dormito** in qualunque posto.
con valore modale (**come?**);	Se ne andarono **senza avvertirci**.	Se ne andarono **senza che noi lo sapessimo**.
con valore eccettuativo (**eccetto**);	In casa mio marito fa tutto, **tranne stirare**.	In casa mio marito fa tutto, **ma non stira**.
con valore ipotetico (**se**).	Mi arrabbierei **a sentire** quelle parole.	Mi arrabbierei **se sentissi** quelle parole.

- L'infinito può avere anche valore di sostantivo. In questo caso di solito è accompagnato da un articolo determinativo maschile.

> Tra **il dire** e **il fare** c'è di mezzo il mare.

Esercizi sull'infinito

1 *La crostata dell'Adriana*
Leggi la ricetta e trasforma i verbi usando l'infinito semplice o composto, come nell'esempio.

Ingredienti:
200 gr. di zucchero
200 gr. di burro
1 uovo intero e due tuorli
400 gr. di farina bianca
un barattolo di marmellata
un pizzico di sale
buccia di limone grattugiata

1. Mescola la farina con lo zucchero, mettili su un piano e fai un buco al centro. Rompici dentro le uova.	*Mescolare la farina con lo zucchero,*
2. Impasta il tutto con le mani e, dopo che hai fatto ammorbidire il burro, uniscilo all'impasto.	
3. Grattugia la parte gialla della buccia di mezzo limone e aggiungila all'impasto, insieme ad un pizzico di sale.	
4. Dopo che hai lavorato la pasta per qualche minuto, fai una palla, mettila in una ciotola e coprila con un tovagliolo.	
5. Nel frattempo prendi una tortiera e rivestila di carta da forno. Accendi il forno a 180°.	
6. Dopo che l'hai lasciata riposare per mezz'ora in un luogo fresco, prendi la pasta, tienine da parte circa ¼ e stendi il resto nella tortiera: premila leggermente con il palmo della mano per non romperla.	
7. Rialza un po' i bordi e distribuisci la marmellata sulla torta.	
8. Con la pasta tenuta da parte fai delle strisce e stendile sulla crostata da lato a lato.	
9. Metti in forno per circa 20 minuti.	
10. Buon appetito!	

I modi indefiniti

2 Notizie
Trasforma le parti sottolineate dalla forma esplicita alla forma implicita, usando l'infinito semplice o composto.

1. I lavoratori Atm <u>hanno minacciato che faranno</u> uno sciopero senza regole a partire dal prossimo dicembre.
2. I residenti della zona 10, <u>dopo che avevano passato</u> numerose notti in bianco a causa dei concerti allo stadio, hanno presentato un esposto al sindaco.
3. I nonni di un bimbo di sette anni <u>hanno deciso che chiederanno</u> la tutela del nipotino. Il piccolo, che per anni <u>ha visto che i genitori litigavano</u> in continuazione, <u>ha detto che non vuole</u> più abitare con loro.
4. <u>Mentre apriva</u> una bottiglia di acqua minerale, un uomo si è accorto che l'acqua aveva un forte odore di ammoniaca e l'ha portata immediatamente al commissariato <u>affinché la analizzassero</u>.
5. Allarme in metro: un uomo di 65 anni, probabilmente squilibrato, <u>dopo che aveva spruzzato</u> in faccia a un giovane una sostanza al peperoncino, è sparito in mezzo agli altri passeggeri.
6. Un uomo di 40 anni ha ricevuto una muta di 2000 euro <u>perché aveva azionato</u> senza motivo il freno di emergenza della metropolitana.

Il gerundio

- Il gerundio ha due forme, una **semplice** e una **composta**.

  Sbagliando s'impara!
  (gerundio semplice)

  Avendo sbagliato, ho chiesto scusa.
  (gerundio composto)

- Il **gerundio semplice** si costruisce così:
  -are → -ando   -ere/-ire → -endo.

  Mangi**ando** meglio, prend**endo** quelle medicine e dorm**endo** molto, guarirà presto.

- Il **gerundio composto** si costruisce con il gerundio di *essere/avere* + il **participio passato**. Quando si usa *essere*, il participio passato concorda con il soggetto a cui si riferisce.

  Essendo impegnata così tanto con il lavoro e non **avendo fatto** ferie, Marta farà fatica a recuperare energie.

- I **pronomi** vanno sempre dopo il gerundio e formano con esso una sola parola. Se con il gerundio composto c'è un **pronome diretto**, il participio passato concorda con esso.

  Preparando**ci** insieme per l'esame, siamo diventate amiche.

  Avendo**la** aiuta**ta** a preparare gli esami, ho passato molto tempo con lei.

- Il **gerundio semplice** indica un'azione che si svolge **contemporaneamente** alla principale, la quale può essere al presente, al passato o al futuro.

  Viaggiando { conosco molta gente.
  ho conosciuto molta gente.
  conoscerò molta gente.

- *Il **gerundio composto** indica un'azione che si è svolta **prima** rispetto alla principale, la quale può essere al presente, al passato o al futuro.*

Avendo studiato { passo gli esami.
ho passato gli esami.
passerò gli esami.

- *Quando il soggetto della subordinata è diverso da quello della principale, è meglio specificarli entrambi; inoltre, la posizione della virgola cambia.*

Essendo occupato con gli esami, **il professore** non ha potuto fare lezione. *(soggetto uguale)*

Essendo occupato con gli esami **il professore**, Giulio non ha potuto fare lezione. *(soggetti diversi)*

Uso del gerundio

Il gerundio si usa soltanto in frasi dipendenti implicite. Può avere valore:	FORMA IMPLICITA	FORMA ESPLICITA
modale (**come?**);	**Facendo** molta esperienza, è diventato un ottimo insegnante.	**Ha fatto** molta esperienza **e in questo modo** è diventato un ottimo insegnante.
consecutivo (**e quindi**);	Ha vissuto molti anni in Germania, **imparando** benissimo il tedesco.	Ha vissuto molti anni in Germania **e quindi ha imparato** benissimo il tedesco.
causale (**siccome**);	**Avendo saputo** che c'erano i saldi, sono andati a fare spese.	**Siccome hanno saputo** che c'erano i saldi, sono andati a fare spese.
temporale (**quando?**);	**Tornando** a casa, mi sono fermata a comprare il pane.	**Mentre tornavo** a casa, mi sono fermata a comprare il pane.
ipotetico (**se**);	**Potendo**, andrebbero in vacanza sei mesi all'anno.	**Se potessero**, andrebbero in vacanza sei mesi all'anno.
concessivo (**anche se**). In questo caso, per dare valore concessivo alla frase, bisogna mettere "**pur**" davanti al gerundio.	**Pur avendo viaggiato** molto, non conosce nulla delle altre culture.	**Anche se ha viaggiato** molto, non conosce nulla delle altre culture.

Esercizi sul gerundio

1 La protesta di un tranviere
Completa l'articolo coniugando i verbi al gerundio semplice e poi scrivi accanto ad ognuno di essi il valore corrispondente, come nell'esempio. I verbi della lista sono in ordine.

> toccare   passare   appendersi   spiegare   potere   essere   volere   bloccare   causare

È successo ieri a Milano: un tranviere di 26 anni, Cosimo G., voleva suicidarsi 1. ___toccando___ i fili della corrente elettrica. L'uomo ha fatto questo gesto disperato 2. _____ davanti alla sede centrale dell'Atm*: ha fermato il tram, è salito sul tetto e ha minacciato di uccidersi 3. _____ ai fili elettrici. La polizia è arrivata subito ed è riuscita a convincere l'uomo a scendere. Il tranviere ha motivato il suo gesto 4. _____ di aver fatto richiesta di trasferimento a Palermo, dove vive la sua famiglia, ben due anni fa e di non avere ancora ottenuto nulla. L'Atm ha spiegato che, 5. _____, accontenterebbe volentieri il signor Cosimo G. Purtroppo, però, la persona che dovrebbe sostituirlo, pur 6. _____ disponibile, non ha ancora terminato il periodo di addestramento. 7. _____ evitare gesti inconsulti, l'Atm ha staccato la corrente elettrica nella zona, 8. _____ numerosi tram e 9. _____ problemi alla viabilità. Per l'uomo è scattata la denuncia per interruzione di pubblico servizio.

*ATM: Azienda Trasporti Milanesi.

	VERBO	VALORE
1.	*toccando*	*modale*
2.	_____	_____
3.	_____	_____
4.	_____	_____
5.	_____	_____
6.	_____	_____
7.	_____	_____
8.	_____	_____
9.	_____	_____

2 All'università
Paolo ha deciso di iscriversi all'università. Trasforma le parti <u>sottolineate</u> dalla forma esplicita alla forma implicita usando il gerundio semplice.

1. <u>Mentre compilava</u> il modulo di iscrizione, si è accorto che gli mancava un documento.
   _____

2. <u>Siccome è</u> studente, non è indipendente dal punto di vista economico.
   _____

3. <u>Se vuole</u> finire gli esami in tempo, dovrà studiare molto.
   _____

4. <u>Anche se sa</u> che l'Università è molto impegnativa, ha deciso di accettare un lavoro nel fine settimana.
   _____

5. Dopo l'università farà esperienza <u>e diventerà</u> così un bravo professionista.
   _____

3 Strano, ma vero!
Completa queste notizie utilizzando il gerundio semplice o composto.

a. Davvero singolare l'avventura capitata a Elisa S., studentessa dell'università di Genova, nel giorno della sua laurea. _____ (*dovere*) discutere la tesi alle 11.30 e _____ (*abitare*) in un paesino a 200 km dall'università, Elisa è partita di casa con largo anticipo, alle 7 del mattino, in macchina. Ha viaggiato tranquillamente in autostrada per un'ora, ma poi è rimasta intrappolata in una lunghissima coda causata da un brutto incidente. _____ (*perdere*) la speranza di raggiungere l'università in tempo, la ragazza ha telefonato al suo professore per avvertirlo. Il docente, tuttavia, ha trovato subito una soluzione: ha proposto a Elisa di discutere la tesi online _____ (*utilizzare*) lo smartphone. E così, la studentessa si è laureata in diretta live dall'autostrada: la prima nella storia!

b. È il portale *Puglia Reporter* a raccontare la storia di uno studente della provincia di Bari, a Sidney per un master. Angelo stava guidando nel traffico quando un'auto non gli ha dato la precedenza a un incrocio. _____ (*vedere*) che l'automobilista era fuggito senza nemmeno un "sorry", il ragazzo lo ha insultato, _____ (*gridare*) una parolaccia in dialetto pugliese, convinto che nessuno lo avrebbe capito. _____ (*sentire*) una voce che rispondeva in dialetto, il suo stupore è stato enorme. Era un signore che, dal marciapiede, aveva visto la scena. Angelo si è avvicinato _____ (*pensare*) di aver trovato un conterraneo invece, _____ (*parlare*) con lo sconosciuto, ha scoperto che non era solo un conterraneo, ma un suo zio emigrato dalla Puglia vent'anni prima.

c. Dura vita per i bugiardi... Secondo quanto afferma un neurologo statunitense, l'uomo, _____ (*mentire*), muove leggermente l'alluce...

d. Un'anziana ottantenne di Milano, _____ (*accorgersi*) che un ladro le stava sfilando il portafoglio dalla borsa, non si è persa d'animo. Ha reagito prontamente, _____ (*dare*) al criminale due violenti schiaffoni e _____ (*strappargli*) di mano il portafoglio. Subito dopo la vecchietta ha cominciato a gridare, _____ (*fare*) così arrestare il giovane delinquente.

Il participio

- Il participio ha due forme: il **participio presente** e il **participio passato**.

  > La televisione ha appena dato una notizia **allarmante**. (*participio presente*)
  >
  > I viaggiatori, **allarmati**, si sono rivolti all'Ambasciata. (*participio passato*)

- Il **participio presente** si costruisce così:
  - -are → -ante
  - -ere → -ente
  - -ire → -ente/-iente

  > L'uomo ha ucciso la moglie e il suo am**ante**.
  > La squadra vinc**ente** avrà un premio.
  > Aumentano le tasse per il contribu**ente**.
  > Le lasagne sono un piatto nutr**iente**.

- Il **participio passato** si costruisce così:
  - -are → -ato
  - -ere → -uto
  - -ire → -ito

  Per le forme irregolari, vedi pag. 19.

  > Pag**ato** il conto, siamo usciti dal ristorante.
  > È il libro più vend**uto** del mese.
  > Usc**ito** di casa, sono andato subito in palestra.

- I pronomi vanno sempre dopo il participio e formano con esso una sola parola.

  > Accorto**si** della truffa, ha denunciato il fatto alla Polizia.

- Il participio, oltre alla sua originaria **funzione verbale**, può avere il valore di **aggettivo** e di **sostantivo**.

  > **Laureatosi** con 110 e lode, si è presentato all'esame per il dottorato. (*funzione verbale*)
  >
  > Cerchiamo una collaboratrice **laureata**. (*aggettivo*)
  >
  > Per i **laureati** non è facile trovare lavoro. (*sostantivo*)

Il participio con funzione verbale

- Il **participio presente** con funzione verbale si usa solo nel registro burocratico.

  > Il testimone **dichiarante** il falso commette reato. (*forma implicita*).
  >
  > Il testimone **che dichiara** il falso commette reato. (*forma esplicita*)

- Il participio passato di solito indica **anteriorità** rispetto alla principale e ha diversi valori:

	FORMA IMPLICITA	FORMA ESPLICITA
temporale (**quando?**);	**Usciti** i genitori, i figli hanno fatto una festa.	**Dopo che** i genitori **erano usciti**, i figli hanno fatto una festa.
causale (**siccome**);	**Preoccupati** per il loro ritardo, li abbiamo chiamati per avere notizie.	**Siccome eravamo preoccupati** per il loro ritardo, li abbiamo chiamati per avere notizie.
concessivo (**anche se**);	**Ricevute** molte critiche, ha continuato comunque il suo progetto.	**Anche se ha ricevuto** molte critiche, ha continuato comunque il suo progetto.
relativo (**che**);	Gli automobilisti ingiustamente **multati** possono fare ricorso.	Gli automobilisti **che sono stati** ingiustamente **multati** possono fare ricorso.
ipotetico (**se**). In questo caso indica **contemporaneità** rispetto alla frase principale.	**Bevuta** calda, la birra non è buona.	**Se viene bevuta** calda, la birra non è buona.

- *L'accordo del participio passato dipende dal tipo di verbi usati:*
  - *quando sono **transitivi** concordano con il **complemento oggetto**;*

  Invia**ta l'e-mail**, mi sono accorto che non avevo allegato il file.

  - *quando sono **intransitivi** e vogliono l'ausiliare **essere** concordano con il **soggetto**.*

  Sali**ti** sul treno, **i ragazzi** si sono addormentati.

Il participio con funzione di sostantivo e aggettivo

- *Il **participio presente** si usa soprattutto come **sostantivo** o **aggettivo** con valore relativo.*

  Mi ha regalato un **brillante**. (*sostantivo*)

  Claudia è una donna **brillante**. (*aggettivo*)

- *Anche il **participio passato** può essere usato come **sostantivo** o **aggettivo**.*

  Si cercano **diplomati** per lavoro part-time. (*sostantivo*)

  Si cercano collaboratori **diplomati** per lavoro part-time. (*aggettivo*)

- *In questi casi il participio si accorda seguendo le stesse regole di genere e numero dei sostantivi e degli aggettivi.*

  Tutti gli insegnan**ti** devono essere laurea**ti**.

Il participio è spesso usato nello stile burocratico:

Il **presidente**, **visti** i documenti **presentati** e **considerate** le prove **svolte**, ha dichiarato idonei i **partecipanti** al concorso.

Esercizi sul participio

1 Qualcosa o qualcuno che...
Completa lo schema coniugando i verbi al participio presente.

ORIZZONTALI →
1. La persona che vive insieme con un'altra.
4. La persona che assiste.
8. Il proprietario di un negozio.
9. Una medicina che calma.
11. Qualcosa che stanca.
12. Una cosa che deterge.

VERTICALI ↓
2. La persona che insegna.
3. Il biglietto che vince.
5. Qualcosa che emoziona.
6. Qualcosa che permane.
7. L'oggetto che stampa.
10. La persona che ama o che ha una passione per qualcuno o qualcosa.

2 Università: norme per l'iscrizione
Completa il testo coniugando i verbi al participio presente o passato. I verbi della lista sono in ordine.

> equivalere   provenire   iscriversi   indicare
> predire   richiedere   precedere   attestare   superare

Titoli di ammissione
A norma dell'art.6 del D.M. 3.11.99, n.509, per essere ammessi ad un corso di laurea di primo livello occorre essere in possesso di un diploma di scuola secondaria superiore o di altro titolo di studio _____ conseguito all'estero.

Studenti _____ da altre università.
Gli studenti già _____ presso altre Sedi universitarie che intendano trasferirsi presso questa Università devono presentare domanda di pre-iscrizione entro il termine e con le modalità _____. I _____ studenti dovranno allegare alla domanda, oltre ai documenti _____ ai _____ punti, un'auto-certificazione _____ l'iscrizione universitaria presso altra Sede e gli esami _____ dei quali si chiede la convalida, nonché le fotocopie dei programmi ufficiali.

(adattato da *Guida dello Studente*, Università degli Studi di Bergamo)

Esercizi sugli indefiniti

1 Saggezza... verbale
Completa i proverbi mettendo al posto corretto i verbi della lista.

> cantando   morire   fatta   bagnata   perseverare   disfare   avvisato   credere
> mangiando   toccare   lasciare   sbagliando   potere   crescente   fare   morto

_____ si impara.

Partire è un po' _____.

Gobba a ponente, luna _____. Gobba a levante, luna calante.

Sposa _____, sposa fortunata.

Uomo _____, mezzo salvato.

Chi vive sperando, muore _____.

Provare per _____.

Cosa _____, capo ha.

Volere è _____.

Tra il dire e il _____ c'è di mezzo il mare.

Errare è umano, _____ è diabolico.

_____ un Papa, se ne fa un altro.

Guardare e non _____ è una cosa da imparare.

Fare e _____ è tutto un lavorare.

L'appetito vien _____.

Prendere o _____!

2 Rimedi contro la stanchezza
Completa l'intervista con i verbi al gerundio o all'infinito.

Come combattere la stanchezza? Semplice: _____ (*muoversi*). Infatti, non è il riposo che manca alle persone che accusano questo sintomo, bensì l'attività fisica. Ne parliamo con un medico dello sport ed esperto di alimentazione.

Quali rischi si corrono se non si fa una vita attiva?
_____ (*fare*) una vita sedentaria, aumentano i rischi di patologie cardiovascolari.

L'aumento di peso è un indicatore di scarso movimento?
Non sempre. C'è chi, pur non _____ (*praticare*) nessuna attività fisica, resta magro e dunque pensa di essere in forma: un grande errore.

Che cosa fare per cominciare, soprattutto se finora non si è praticato nessuno sport?
Consiglio a tutti di camminare. Camminando ogni giorno e _____ (*sforzarsi*) di allungare

costantemente la distanza percorsa, miglioriamo la nostra capacità di deambulazione. _____ (*cominciare*) con dieci minuti, si può _____ (*arrivare*) a una media di mezz'ora al giorno.

Prima di iniziare a fare un'attività fisica bisogna sottoporsi a una visita medica?
Sarebbe senza dubbio l'ideale _____ (*andare*) in un centro di medicina dello sport per _____ (*ottenere*) tutti i consigli utili.

Qual è il modo giusto di camminare?
Va bene qualsiasi modo di camminare. Il Ministero della Sanità inglese, per esempio, ha consigliato ai londinesi di prendersi un cane: _____ (*portarlo*) a spasso si riduce il rischio d'infarto del 25%. È meglio comunque _____ (*usare*) scarpe comode, preferibilmente tecniche, e _____ (*scegliere*) percorsi pianeggianti. Si possono trarre benefici anche dal clima, _____ (*uscire*) d'inverno nelle ore più calde e d'estate il mattino presto o dopo il tramonto.

A casa che esercizi si possono fare?
La cyclette è altrettanto valida in alternativa al _____ (*camminare*) o per integrarlo. E si può pedalare _____ (*guardare*) la tv oppure _____ (*leggere*).

(adattato da *Grazia*)

3 Gli italiani e il tempo libero
a. Completa il testo coniugando i verbi all'infinito, al gerundio o al participio, come nell'esempio.

Si sente spesso la gente 1. *ripetere* (*ripetere*): "Chi ha poco tempo libero, lo cerca. Chi ne ha troppo non sa come utilizzarlo." È un ritornello così frequente da 2. _____ (*sembrare*) un luogo comune. Secondo un'indagine Istat c'è una novità 3. _____ (*sorprendere*): gli italiani non sono poi così insoddisfatti del loro tempo libero. Tutti si lamentano di non 4. _____ (*averne*) mai a sufficienza, poi però risulta che il 58% degli italiani è abbastanza contento del riposo di cui riesce a godere. Purtroppo non è così per tutti: chi continua a lavorare anche dopo 5. _____ (*tornare*) a casa, per esempio, ne ha sempre bisogno. Sono soprattutto le donne: 6. _____ (*terminare*) gli impegni di lavoro fuori, iniziano quelli tra le mura domestiche. E gli uomini le aiutano raramente: in casa sanno praticamente "fare" tutto, senza 7. _____ (*essere*) però costanti nell'impegno. Per intenderci, cucinano benissimo ma lo fanno solo una volta ogni tanto!
"Staccare" è anche la necessità di avere dei rapporti autentici con i figli e con gli amici più stretti. Sembrerà una banalità ma, 8. _____ (*lavorare*) con ritmi molto intensi e 9. _____ (*avere*) dei bambini, è chiaro che il tempo non dedicato al lavoro è principalmente per loro. E allora, 10. _____ (*potere*) scegliere, è meglio dedicare i momenti liberi interamente alle persone care e alle cose che ci piace fare.
Per esempio, si può sfruttare un viaggio di lavoro 11. _____ (*partire*) un giorno o due prima e 12. _____ (*fare*) un po' di turismo culturale. Insomma, unire l'utile al dilettevole.

b. Trascrivi nella colonna a sinistra il modo indefinito che hai usato e scrivi accanto ad ognuno il valore corrispondente, come nell'esempio. Se hai bisogno di aiuto, puoi guardare la lista qui sotto.

ipotetico   aggettivo   temporale   ipotetico   modale
modale   con verbi + 'di'   consecutivo   ipotetico   temporale   modale   con verbi di percezione

modo indefinito	valore	modo indefinito	valore
1. *infinito semplice*	*con verbi di percezione*	7.	
2.		8.	
3.		9.	
4.		10.	
5.		11.	
6.		12.	

4 Siamo senza parole
Completa l'articolo usando il participio, il gerundio o l'infinito.

Nel mondo della comunicazione globale siamo sempre più poveri di parole.
L'espressione scarna, la mancanza di vocaboli, le ripetizioni delle stesse parole rappresentano un fenomeno diffuso. Tuttavia, la qualità di una lingua non è nella quantità di vocaboli, ma nell' _____ (*essere*) capaci di far corrispondere le parole ai pensieri. Una lingua evolve anche con le "storture" _____ (*derivare*) dai social network o dalle chat. È un errore trarre conclusioni negative _____ (*valutare*) solo il numero di parole _____ (*utilizzare*). Alcuni neologismi sono "americaneggianti", altri _____ (*trarre*) dai tecnicismi dell'informatica, altri ancora _____ (*prendere*) da altre lingue perché in italiano non esiste il _____ (*corrispondere*). Inoltre, l'inquinamento linguistico _____ (*attribuire*) all'uso delle chat, in realtà risponde perfettamente allo scopo. Per una comunicazione da cogliere al volo, funziona bene la *x* al posto di *per*, *cmq* per *comunque*, *tvb* per *ti voglio bene* e *6* per dire *tu sei*. _____ (*dire*) questo, non vogliamo dire che sia meglio o peggio rispetto al passato. Ma la lingua cambia, con processi che possono essere _____ (*irritare*) perché sembrano impoverirla, contaminarla o manipolarla. Una lingua non va giudicata per la quantità di vocaboli che la gente utilizza. Oggi, una delle grandi sfide linguistiche sta nel _____ (*riuscire*) a esprimere concetti complessi con elementi semplici e comprensibili per tutti.

I verbi fraseologici

- *I verbi fraseologici possono essere di due tipi: **aspettuali** e **causativi**.*

> **Ho iniziato** a leggere un bel libro. (*aspettuale*)
> **Ho fatto mangiare** i bambini. (*causativo*)

I verbi aspettuali

- *I **verbi aspettuali** indicano un particolare "aspetto" dell'azione come l'imminenza, l'inizio, lo svolgimento, la continuità e la conclusione. Sono accompagnati da un **gerundio** o da un **infinito** preceduto da una preposizione.*

> - Perché non **smetti di fumare**?
> - Ci **sto provando**, ma non **riesco a stare** più di due giorni senza una sigaretta.

I verbi aspettuali si usano per indicare:

- *un'azione in corso:* **stare** + **gerundio**;

> Quando siete arrivati **stavo preparando** la cena.

- *un'azione che sta per accadere:* **stare per, essere sul punto di, essere lì lì per** + **infinito**;

> **Stavo per comprare** quel vestito, ma mi sono accorta che era macchiato.

- *un'azione che inizia:* **cominciare a, mettersi a** + **infinito**;

> Miguel **ha cominciato a studiare** l'italiano due anni fa.

- *un'azione che continua nel tempo:* **continuare a, andare avanti a, insistere a** + **infinito**;

> Il medico **continua a dirgli** che deve fare sport, ma Piero non vuole ascoltarlo.

- *un'azione tentata:* **provare a, cercare di, tentare di, sforzarsi di** + **infinito**;

> **Ho cercato di spiegargli** che cosa era successo, ma era troppo arrabbiato per ascoltarmi.

- *un'azione che si concluderà a breve e in modo prevedibile:* **finire per, finire con (il)** + **infinito**;

> Bambini, se continuate a correre in quel modo, **finirete per cadere** e **farvi** male.

- *un'azione che finisce:* **finire/finirla di, terminare di, cessare di, smettere/smetterla di, piantarla di** + **infinito**.

> Paola **ha smesso di studiare** musica a sedici anni: non le interessava più.

> Hai notato che i verbi che indicano l'inizio di un'azione vogliono la preposizione **a** e quelli che indicano la fine vogliono la preposizione **di**?
> **Ho cominciato a studiare** alle 10. **Ho finito di fare** i compiti alle 12.

I verbi causativi

- Nei verbi causativi il soggetto "causa" il compimento dell'azione da parte di qualcun altro.

Dottore, **ho fatto accomodare** i pazienti nella sala d'attesa.
(Io ho "causato" nei pazienti l'effetto di "accomodarsi")

Si usano per indicare:

- un'azione che il soggetto fa fare a un'altra persona per raggiungere un determinato scopo:
  far fare qualcosa a qualcuno;

Anche se i suoi genitori **l'hanno fatto studiare** all'estero, non ha imparato le lingue.

- un'azione che il soggetto permette ad altri di fare:
  lasciare fare qualcosa a qualcuno;

Siccome era una bella giornata, le maestre **hanno lasciato giocare** i bambini in giardino.

- un'azione che il soggetto permette che altri facciano su di lui: **farsi/lasciarsi fare qualcosa da qualcuno**.

Il prezzo di quel mobile era così interessante che **mi sono lasciato convincere** e l'ho comprato.

Esercizi

1 Discussione
Completa il testo con i verbi fraseologici, scegliendo tra quelli della lista.

| metterti a | cerchiamo di | lasciarmi travolgere | cominciare a |
| ho finito per | stavo diventando | ti lasci influenzare | smetterla di | stai scherzando |

Caterina mi ha detto: "Si può sapere cosa ti è successo?" Non mi andava di parlarne. Avrei voluto _____ mangiare e parlare d'altro, arrivarci per gradi in modo da avere io stesso un quadro più chiaro della situazione. Invece lei era lì che mi fissava, con tutti i suoi sensi in allarme, come se mi avesse sorpreso al ritorno da un appuntamento galante, e _____ dirle: "È successo che mi sono licenziato da *Prospettiva* e ho deciso di lavorare al mio romanzo finché riesco a pubblicarlo, voglio _____ fare questa vita del cavolo, mezza tiepida e mezza morta." Lei ha posato il suo libro su un mobiletto, ci ha messo qualche secondo a dirmi "_____ o cosa? Io pensavo che stamattina scherzassi." Per non _____ dalla situazione, l'ho stretta intorno alle spalle e le ho detto "_____ avere un minimo di senso dell'umorismo, per piacere". Le ho descritto la faccia di Tevigati e le facce dei miei colleghi quando me n'ero andato; ma lei non era affatto divertita. Ha detto: "Sei scemo, Roberto. Fai le cose senza pensarci. _____ da uno come Polidori che si diverte a fare il duro in un momento di noia. Tanto sai cosa gli costa, ce lo paga lui l'affitto?" Così le ho detto: "Per favore Caterina, non _____ fare la saggia, tanto non lo sei mai stata, per fortuna. Polidori non c'entra niente, io a *Prospettiva* _____ pazzo."

(adattato da Andrea De Carlo, *Tecniche di seduzione*)

2) Ricordi di un direttore d'orchestra

Sostituisci le parti <u>sottolineate</u> con la forma fraseologica più adeguata, facendo i cambiamenti necessari, come nell'esempio.

Maestro, la sua musica... è veramente finita?
Sì, quando durante un concerto ho avuto un malore, ho capito che non avrei più potuto dirigere e così <u>ha avuto inizio il mio allontanamento</u> dal mondo musicale. <u>Non faccio più musica</u> né ascolto più i miei dischi.
Com'è nata l'attrazione per la musica?
Un giorno in una piazza di Bolzano ho visto un uomo che <u>suonava</u> il violino. <u>L'ho chiesto in regalo</u> ai miei genitori per Natale e così <u>ho intrapreso lo studio della</u> musica.
Come spiega le sue preferenze musicali?
Per me la musica parte da Haydn e finisce con Hindemith. <u>Ho fatto molti tentativi di</u> familiarizzare anche con l'antica e la moderna, ma non ci sono riuscito.
Negli ultimi anni si è dedicato molto ai giovani musicisti, come quelli dell'orchestra Verdi e della Scuola di Fiesole...
<u>Ho fatto molti sforzi per</u> trasmettere loro la musica con amore e dedizione. È difficile insegnare il gesto, cioè <u>fare in modo che i sentimenti passino</u> attraverso il corpo. Dirigere è un atto d'amore, bisogna <u>permettere alla musica di trasportarci</u>.
E La Scala, dove ha diretto molte opere, tra cui La Traviata e la Tosca?
È stato un periodo eccezionale. C'erano grandi voci, grandi registi e tanto tempo per provare. <u>Ho lasciato la direzione dell'opera</u> quando ho percepito che tutto questo <u>sarebbe finito nel giro di pochissimo tempo</u>. Nelle mie passeggiate quotidiane non passo mai davanti alla Scala: è un ricordo bellissimo, ma troppo malinconico.

(adattato dal *Corriere della Sera*)

1. ...e così <u>ha avuto inizio il mio allontanamento</u> dal mondo musicale.

e così ho cominciato ad allontanarmi dal mondo musicale

2. _____
3. _____
4. _____
5. _____
6. _____
7. _____
8. _____
9. _____
10. _____
11. _____

3 *Pulizia delle spiagge: istruzioni e consigli*
Completa il testo con i verbi fraseologici seguendo le indicazioni della tabella, come nell'esempio.

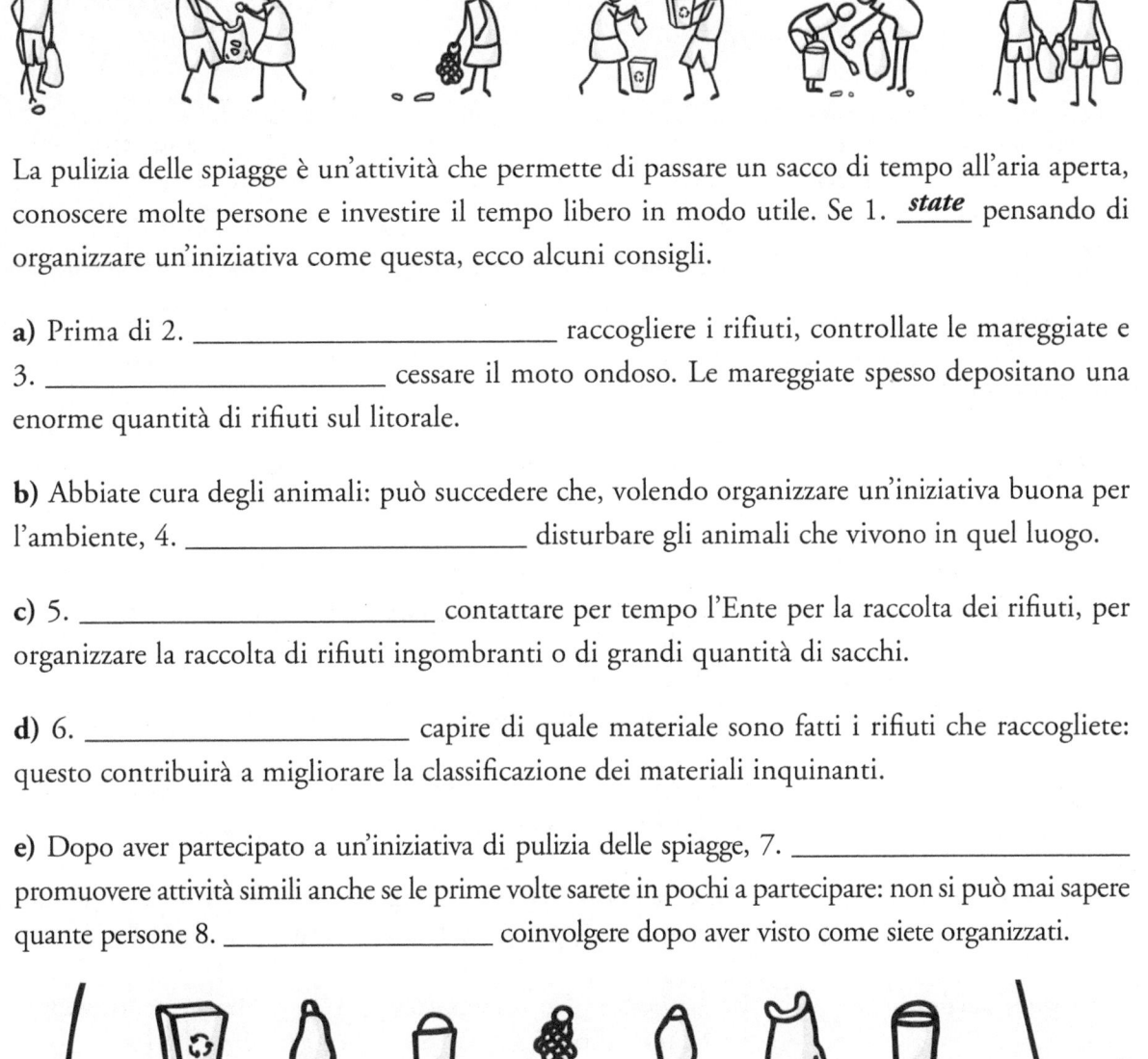

La pulizia delle spiagge è un'attività che permette di passare un sacco di tempo all'aria aperta, conoscere molte persone e investire il tempo libero in modo utile. Se 1. *state* pensando di organizzare un'iniziativa come questa, ecco alcuni consigli.

a) Prima di 2. _____ raccogliere i rifiuti, controllate le mareggiate e 3. _____ cessare il moto ondoso. Le mareggiate spesso depositano una enorme quantità di rifiuti sul litorale.

b) Abbiate cura degli animali: può succedere che, volendo organizzare un'iniziativa buona per l'ambiente, 4. _____ disturbare gli animali che vivono in quel luogo.

c) 5. _____ contattare per tempo l'Ente per la raccolta dei rifiuti, per organizzare la raccolta di rifiuti ingombranti o di grandi quantità di sacchi.

d) 6. _____ capire di quale materiale sono fatti i rifiuti che raccogliete: questo contribuirà a migliorare la classificazione dei materiali inquinanti.

e) Dopo aver partecipato a un'iniziativa di pulizia delle spiagge, 7. _____ promuovere attività simili anche se le prime volte sarete in pochi a partecipare: non si può mai sapere quante persone 8. _____ coinvolgere dopo aver visto come siete organizzati.

(adattato da *theblackbag.org*)

1. *azione in corso*	6. *azione tentata*
2. *azione che inizia*	7. *azione che continua nel tempo*
3. *azione che il soggetto permette ad altri di fare*	8. *azione che il soggetto permette che altri facciano su di lui*
4. *un'azione che si conclude in modo prevedibile*	
5. *azione tentata*	

Il discorso indiretto

		*Il **discorso diretto** corrisponde alle parole della persona che parla.*	*Il **discorso indiretto**, invece, riferisce le parole dette da altri.*
•	Il discorso indiretto di solito è introdotto da verbi come: **dire, chiedere, rispondere, ordinare, pregare,** ecc.	Nicola ha detto: "**Voglio uscire a cena con i miei amici.**"	Nicola **ha detto che** vuole uscire con i suoi amici.
•	Nel passaggio dal discorso diretto a quello indiretto il messaggio può subire trasformazioni:		
	nei **soggetti**;	Sabina ha detto: "**Io** vado a piedi così **voi** potete prendere la macchina."	Sabina ha detto che **lei** va a piedi così **noi** possiamo prendere la macchina.
	nei **pronomi**;	Carla ha detto: "Non **mi** piace la pasta."	Carla ha detto che non **le** piace la pasta.
	negli **avverbi di luogo**;	Daniele ha detto: "**Qui** fa caldo."	Daniele ha detto che **lì** fa caldo.
	nei **possessivi**;	Camillo ha detto: "La **mia** macchina non va bene."	Camillo ha detto che la **sua** macchina non va bene.
	nei **dimostrativi**;	Paola ha detto: "**Questa** è una situazione difficile da risolvere."	Paola ha detto che **quella** è una situazione difficile da risolvere.
	nei **tempi verbali**;	Ivo ha detto: "**Ho mangiato** un panino al bar."	Ivo ha detto che **aveva mangiato** un panino al bar.
	il verbo **venire** diventa **andare**.	Alberto ha detto a Lucia: "Non posso **venire** da te perché ho l'influenza."	Alberto ha detto a Lucia che non può **andare** da lei perché ha l'influenza.
•	Quando il discorso indiretto è introdotto da verbi come **chiedere** e **domandare**: - si usa la congiunzione **se** per domande a cui si può rispondere **sì** o **no**;	Luisa mi ha chiesto: "**Puoi prestarmi la tua bicicletta?**"	Luisa mi ha chiesto **se** posso prestarle la mia bicicletta.

- *per tutte le altre domande si riporta lo stesso **interrogativo**.*

| Giacomo mi ha chiesto: "**A che ora** comincia il corso?" | Giacomo mi ha chiesto **a che ora** comincia il corso. |

Queste frasi, che si chiamano interrogative indirette, possono avere sia l'indicativo che il congiuntivo, a seconda del registro.

| Luigi mi ha chiesto: "**È** possibile noleggiare gli sci?" | Luigi mi ha chiesto se
- **era** possibile noleggiare gli sci *(registro informale)*
- **fosse** possibile noleggiare gli sci. *(registro formale)* |

● *Nel discorso indiretto l'imperativo diventa sempre **di + infinito**.*

| Aldo ha detto: "**Telefonami** alle otto!" | Aldo ha detto **di telefonargli** alle otto. |

Discorso indiretto con frase principale al presente

● *Quando il verbo che introduce il messaggio è al **presente** (dice, sta dicendo che…) o al **passato prossimo recente** (ha appena detto che…), **non ci sono cambiamenti nei tempi verbali** perché non ci sono cambiamenti nelle relazioni temporali.*

| Cinzia **dice**: "Da bambina **avevo** paura dei cani, ora invece mi **piacciono** molto." | Cinzia **dice che** da bambina **aveva** paura dei cani e che ora invece le **piacciono** molto. |
| Pietro **ha appena detto**: "Ieri **sono stato** a Torino e **ho visto** il Museo del Cinema." | Pietro **ha appena detto che** ieri **è stato** a Torino e **ha visto** il Museo del Cinema. |

Discorso indiretto con frase principale al passato

● *Quando il verbo che introduce il messaggio è al **passato** (ha detto, aveva detto, diceva, disse che…) e si riferisce ad un'azione lontana rispetto al momento in cui viene riferito il messaggio, **ci sono cambiamenti nei tempi verbali** perché sono cambiate le relazioni temporali:*

- *il presente diventa imperfetto;*

| Danilo ha detto: "Il computer non **funziona** più." | Danilo ha detto che il computer non **funzionava** più. |

- *il passato prossimo diventa trapassato prossimo;*

| Il signor Ferri ha detto: "**Ho pagato** la fattura." | Il signor Ferri ha detto che **aveva pagato** la fattura. |

- *l'imperfetto non cambia;*

| Monica ha detto: "Non **avevo** abbastanza soldi." | Monica ha detto che non **aveva** abbastanza soldi. |

21 Il discorso indiretto

- *il trapassato prossimo non cambia;*	Gino ha detto: "Non **avevo** mai **mangiato** un gelato così buono!"	Gino ha detto che non **aveva** mai **mangiato** un gelato così buono.
- *il passato remoto può diventare trapassato prossimo o rimanere uguale;*	Rosa ha detto: "**Andai** alla stazione a prendere Alba."	Rosa ha detto che **era andata/andò** alla stazione a prendere Alba.
- *il futuro semplice diventa condizionale composto (futuro nel passato);*	Giorgio ha detto: "Non **cambierò** idea."	Giorgio ha detto che non **avrebbe cambiato** idea.
- *il futuro anteriore diventa condizionale composto o congiuntivo trapassato;*	Pietro ha detto: "Quando **avrò finito** questo lavoro andrò in ferie."	Pietro ha detto che quando **avrebbe finito/avesse finito** quel lavoro sarebbe andato in ferie.
- *il condizionale semplice diventa condizionale composto;*	Massimo ha detto: "Mi **piacerebbe** molto andare in Guatemala."	Massimo ha detto che gli **sarebbe piaciuto** molto andare in Guatemala.
- *il condizionale composto non cambia;*	Carlo ha detto: "Non **avrei** mai **comprato** quella casa."	Carlo ha detto che non **avrebbe** mai **comprato** quella casa.
- *il congiuntivo presente diventa congiuntivo imperfetto;*	Stefano ha detto: "Spero che mia moglie **vinca** il concorso."	Stefano ha detto che sperava che sua moglie **vincesse** il concorso.
- *il congiuntivo passato diventa congiuntivo trapassato;*	Adriana ha detto: "Sono contenta che voi **abbiate superato** l'esame."	Adriana ha detto che era contenta che voi **aveste superato** l'esame.
- *il congiuntivo imperfetto non cambia;*	Luigi ha detto: "Speravo che **vi fermaste** a cena."	Luigi ha detto che sperava che **vi fermaste** a cena.
- *il congiuntivo trapassato non cambia;*	Antonio ha detto: "Credevo che tu **fossi** già **partito**."	Antonio ha detto che credeva che tu **fossi** già **partito**.
- *le costruzioni del periodo ipotetico cambiano così:*	Anna ha detto:	
se + cong. trap. + condiz. composto	"Se **impari** bene almeno due lingue straniere, **troverai** lavoro più facilmente."	
	"Se **imparassi** bene almeno due lingue straniere **troveresti** lavoro più facilmente."	Anna ha detto che se **avessi imparato** bene almeno due lingue straniere **avrei trovato** lavoro più facilmente.
	"Se **avessi imparato** bene almeno due lingue straniere, **avresti trovato** lavoro più facilmente."	

- *il gerundio, il participio passato e l'infinito non cambiano.*

● *Quando il discorso indiretto è introdotto da un verbo al passato, gli **indicatori** di tempo e di luogo cambiano così:*

oggi	→	*quel giorno*
ieri	→	*il giorno prima*
domani	→	*il giorno dopo*
adesso/ora	→	*allora*
qui/qua	→	*lì / là*
l'anno scorso	→	*l'anno prima*
l'anno prossimo	→	*l'anno dopo*
fra un mese	→	*dopo un mese*

● *Quando riferiamo le parole dette da altri, non riportiamo proprio tutto, ma solo le informazioni che consideriamo importanti.*

Marco ha detto: "Il professore, dopo **aver corretto** il mio esame, **apprezzando** lo sforzo **fatto**, si è congratulato con me."

Marta ha detto: "Anche **oggi**, **qui** al mare, il tempo è brutto e quindi **domani** tornerò a Roma."

Marco ha detto che il professore, dopo **aver corretto** il suo esame e **apprezzando** lo sforzo **fatto**, si è congratulato con lui.

Marta ha detto che anche **quel giorno**, **lì** al mare, il tempo era brutto e che **il giorno dopo** sarebbe tornata a Roma.

Tutto bene? Uff... che faticaccia! Forza, dai... che siamo quasi arrivati alla fine del libro!

Ha detto che siamo quasi arrivati alla fine del libro.

21 Il discorso indiretto

Esercizi

1 La telefonata
Leggi questo testo e poi trasforma al discorso diretto le frasi <u>sottolineate</u>.

Ai primi di febbraio è arrivato un telegramma di Guido da Roma, con il numero di un albergo. Sono andato a telefonargli tre o quattro volte prima di trovarlo. Quando ci sono riuscito ero così sorpreso che quasi non l'ho salutato, gli ho solo chiesto <u>cosa faceva in Italia</u>. Guido ha detto che <u>era stata una decisione improvvisa, lui e Laurie erano arrivati due giorni prima: se volevamo, ci venivano a trovare per cena</u>. Gli ho chiesto <u>con che treno pensavano di arrivare</u>; lui ha detto <u>di non preoccuparmi, si sarebbero arrangiati</u>.

Ai primi di febbraio è arrivato un telegramma di Guido da Roma, con il numero di un albergo. Sono andato a telefonargli tre o quattro volte prima di trovarlo. Quando ci sono riuscito ero così sorpreso che ho esclamato:

■ *Guido, finalmente ti ho trovato! Che cosa* _____

□ _____
_____

■ _____

□ _____

(adattato da Andrea De Carlo, *Due di due*)

2 Che cos'è uno straniero?
Leggi questa conversazione tra un padre e sua figlia e poi immagina che la bambina racconti ai suoi compagni di scuola quello che lui le ha spiegato.

■ Papà, cos'è uno straniero?

□ La parola straniero ha la stessa radice di "estraneo" e di "strano": indica ciò che è "di fuori", "esterno", "diverso". È qualcuno che viene da un altro Paese, vicino o lontano, qualche volta da un'altra città o un altro villaggio.

■ Quando vado in Normandia, da Nadine, sono una straniera?

□ Per gli abitanti del suo Paese, certamente sì, perché vieni da lontano e sei marocchina. Ti ricordi quando siamo andati in Senegal? Ebbene, per i senegalesi eravamo stranieri.

■ E perché i senegalesi non avevano paura di me, né io di loro?

□ Perché la mamma e io ti abbiamo insegnato a non avere paura degli stranieri, ricchi o poveri, grandi o piccoli, bianchi o neri. Non dimenticarti che siamo sempre stranieri per qualcuno, cioè siamo sempre percepiti come estranei da chi non è della nostra cultura.

L'altro giorno mio papà mi ha spiegato che cos'è uno straniero. Mi ha detto che straniero viene dalla parola "strano" e che è qualcuno che viene da un altro Paese. Allora io gli ho chiesto se _____ e lui mi ha risposto

_____

Poi mi ha domandato _____

e mi ha spiegato _____ Allora io gli ho

chiesto _____ Lui

mi ha risposto che lui e la mamma _____

e mi ha anche detto _____

(adattato da Tahar Ben Jelloun, *Il razzismo spiegato a mia figlia*)

3. L'inflazione vista da una bambina

Leggi questa e-mail che una bambina di 10 anni ha scritto a un giornale immagina la conversazione, utilizzando il discorso diretto.

traccia 21

Papà non mi vuole aumentare la paghetta. Io gli ho detto che non mi bastano 10 euro per tutta la settimana. Anche mio fratello ha detto che il gelato grande lui se lo comprava a 2 euro, invece adesso ci vogliono 3 euro per comprare il gelato più piccolo. Papà mi ha detto che è da tanto tempo che non gli aumentano lo stipendio. Io gli ho detto che, siccome lui lavora dalle sette di mattina alle otto di sera e i soldi non ci bastano, è meglio andare dalla nonna a Poggio. A Poggio c'è l'orto, le galline, i conigli: un po' li possiamo mangiare e un po' li possiamo vendere, così guadagniamo un po'. E poi papà starebbe sempre con noi. Papà mi ha detto che non vuole perché la nonna ha fatto tanti sacrifici per farlo studiare all'università. Allora io gli ho risposto che non voglio studiare all'università perché papà è povero e gli ho chiesto se, quando divento grande, potrò fare la giornalista senza andare all'università. Papà dice di no ma, siccome io non ci credo, lui mi ha detto di chiederlo a voi del giornale. Io leggo sempre i giornali che compra papà e leggo anche le notizie online. Tante cose non le capisco; ho capito, però, che gli italiani sono furibondi per gli aumenti dei prezzi. Anch'io sono furibonda. Ho chiesto a papà se potevo scrivervi e lui mi ha dato il permesso, ma mi ha detto di non mettere il cognome.

Sofia, 10 anni

Sofia: Papà, 10 euro non mi bastano per tutta la settimana.
Fratello: È vero, il gelato grande io me lo compravo a 2 euro e adesso ci vogliono 3 euro, ma per quello piccolo!
Papà: Sì, lo so, ma _____
Sofia: _____
_____
_____
Papà: _____
Sofia: _____
_____
_____
Papà: _____
_____
Sofia: Non ci credo.
Papà: _____
Sofia: Papà, _____ al giornale?
Papà: Sì, _____ pure ma _____

il discorso indiretto 21

21 Il discorso indiretto

4 *Ci sono novità?*
Un gruppo di amici che abitano in città diverse hanno l'abitudine di fare una videochiamata una volta al mese, per mantenersi in contatto e raccontarsi le ultime novità.

1. Anita: Qui a Torino fa freddo e nevica. La mia nuova vicina di casa peruviana è felicissima perché è la prima volta che vede la neve. Credo che stamattina abbia giocato per due ore con sua figlia al parco.

2. Massimo: Anche qui a Milano nevica molto. Ma spero che smetta perché fra due giorni dovrò andare in macchina a Roma e non mi va di partire con la neve.

Barbara: Ehi ciao, come va? Tutto bene? Che novità ci sono?

3. Serena: Se domani mattina ho tempo, vado a ritirare la mia Vespa nuova! E nel pomeriggio andrò finalmente a farmi un giro sui colli di Bologna. Sono felice.

4. Alberto: Io sono arrabbiatissimo: due giorni fa mi hanno rubato la bici. Ero in ufficio, l'avevo lasciata in cortile. Penso che me l'abbiano rubata nel pomeriggio perché in pausa pranzo l'ho usata per andare al bar.

5. Daniela: Ieri mia figlia Giulia ha vinto una gara di ginnastica! Siamo tutti contenti! Sinceramente non credevamo che fosse così brava!

6. Luca: Falle i complimenti da parte mia! Non sapevo che avesse deciso di fare agonistica…

7. Tommaso: Sabato scorso sono stato al canile di Bari: c'erano tantissimi cani da adottare. Mi piacerebbe prenderne uno, ci sto pensando seriamente. Datemi un consiglio!!

8. Valerio: Al posto tuo, il cane lo avrei già portato via dal canile. Non pensarci troppo, e adotta quello più anziano. Ti farà tanta compagnia.

a. Trasforma le frasi degli amici dal discorso diretto al discorso indiretto, immaginando che Barbara le riferisca a sua sorella la sera stessa della chiamata.

Oggi…
1. Anita ha detto che _____
2. Massimo ha detto che _____
3. Serena ha detto che _____
4. Alberto ha detto che _____
5. Daniela ha detto che _____
6. Luca ha detto che _____
7. Tommaso ha detto che _____
8. Valerio ha detto che _____

b. Ora trasforma le frasi degli amici dal discorso diretto al discorso indiretto, immaginando che Barbara le riferisca una settimana dopo a Elena, un'amica del gruppo che non ha partecipato alla videochiamata.

Una settimana fa…
1. Anita ha detto che _____
2. Massimo ha detto che _____
3. Serena ha detto che _____
4. Alberto ha detto che _____
5. Daniela ha detto che _____
6. Luca ha detto che _____
7. Tommaso ha detto che _____
8. Valerio ha detto che _____

21 Il discorso indiretto

5 Rifletti sulla lingua

Dopo aver fatto l'esercizio 4b, osserva le trasformazioni che hai fatto nel passaggio al discorso indiretto e completa questa tabella riassuntiva con i nomi dei tempi verbali.

DISCORSO DIRETTO	DISCORSO INDIRETTO
INDICATIVO	**INDICATIVO**
presente	....
passato prossimo	....
imperfetto	....
trapassato prossimo	....
futuro semplice	....
CONDIZIONALE	**CONDIZIONALE**
condizionale semplice	....
condizionale composto	....
CONGIUNTIVO	**CONGIUNTIVO**
presente	....
passato	....
imperfetto	....
trapassato	....
IMPERATIVO	
	....
PERIODO IPOTETICO	**PERIODO IPOTETICO**
SE + presente / futuro + presente / futuro	SE + ...

Caro studente, grazie mille per essere arrivato fin qui!

Soluzioni degli esercizi

1. Il presente

1. La giornata di Michela
a. Mi chiamo, sono, abito, lavoro, parto, prendo, preferisco, arrivo, apro, lavoro, mangio, cerco. **b.** Si chiama, è, abita, lavora, parte, prende, preferisce, arriva, apre, lavora, mangia, cerca. **c.** torna, trova, finisce, cucina, Mangiano, lava, mette, fa, guarda, escono, vanno.

2. Un piccolo test psicologico
1. Quando vai a letto che cosa fai? Leggo, guardo, Dormo, ho, Penso. 2. Piove: apri la finestra e che cosa dici? Fa, resto, torna. 3. Quando sei in vacanza in un posto nuovo, come passi la giornata? faccio, Esco, torno, Leggo, visito. 4. Che cosa preferisci fare nel tempo libero? Preferisco, Ascolto, sto, Vado. 5. Di solito pensi alla tua vita passata, presente o futura? Ricordo, Vivo, Guardo.

3. Vita quotidiana
a. facciamo. **b.** giocano, preferiscono. **c.** mette. **d.** prendono. **e.** Hai, vai. **f.** scrivete. **g.** faccio, fai. **h.** è. **i.** sto, ho. **l.** dormite.

4. Un bacione da _____
abitiamo, andiamo, prendiamo, faccio, hanno, imparano, lavora, è, è, vado, prende, visitiamo, preferiamo, piace, faccio, vieni.
Elena abita a **Roma**.

5. Vedi _____ e poi muori
posso, vuole, vuoi, dobbiamo, vuole, sanno, conosco, possiamo, sa, devo, voglio. Yutta va in vacanza a **Napoli**.

6. Messaggi
1. puoi, devono, devo. 2. posso, puoi, puoi. 3. possiamo/vogliamo, Vogliono, puoi.

7. Stranieri a Bologna
vivo, Sono, abitano, sono, stiamo, paghiamo, è, ci sono, divido, ha, studia, Parla, preferisce, dormono, è, ha, Sono, suonano, frequentano, amano, capiscono, parliamo, rispondono, fa, Cucina, prepara, dorme, ho, sono.

8. Il genio italiano
Nasce, È, lavora, parte, progetta, va, muore, dipinge, costruisce, c'è. Il genio italiano è **Leonardo da Vinci**.

8. Rifletti sulla lingua
La soluzione è aperta.

2. Il passato prossimo

1. E-mail
ho ricev**uto**, ho sped**ito**, ho fin**ito**, ho av**uto**, sono and**ato**, ho incontr**ato**, ho parl**ato**, abbiamo programm**ato**; *-are:* sono and**ato**, ho incontr**ato**, ho parl**ato**, abbiamo programm**ato**; *-ere:* ho ricev**uto**, ho av**uto**; *-ire:* ho sped**ito**, ho fin**ito**.

2. Mi presento...
Sono **stato**, Ho **studiato**, ho **ricevuto**, sono **partito**, ho **conosciuto**, abbiamo **avuto**.

3. Un libro per te
avete passato, **sono** partito, **sono** andato, **ho** incontrato, **ha** dato, **Sono** venuto, **ho** trovato, **sono** stato, **ho** lasciato, **Ho** visto, **è** cresciuto, **Hai** saputo, si **è** laureata.

4. Chi al mare, chi in montagna...
a. sei tornata, sono arrivata, sei stato, È stata, sei andato, Abbiamo affittato, abbiamo fatto, sono stata, ho fatto, sono salita, mi sono fermata, Sono rimasta, È stata. **b.** **siete** tornate, **siamo** arrivate, **siete** stati, **È** stata, **siete** andati, **Abbiamo** affittato, **abbiamo** fatto, **siamo** state, **abbiamo** fatto, **siamo** salite, **ci siamo** fermate, **siamo** rimaste, **È** stata.

5. Hai mai fatto queste esperienze?
Sei mai **andato/a**, Sei mai **caduto/a**, Hai mai **mangiato**, Hai mai **avuto**, Hai mai **dormito**, Hai mai **passato**, Ti sei mai **alzato/a**, Sei mai **stato/a**, Sei mai **uscito/a**, Hai mai **nuotato**, Hai mai **conosciuto**, Hai mai **venduto**, Sei mai **partito/a**.

6. I participi nascosti

(RACCOLTO, FATTO, SPENTO, PROMESSO, ASSUNTO, OFFERTO, ISCRITTO)

163
I verbi italiani

Soluzioni degli esercizi

7. Chi lo sa?
ha scritto (Carlo Collodi); è stata (Torino); ha dipinto (Michelangelo); ha composto (Giuseppe Verdi); ha fatto (Anita Ekberg); ha vinto (Roberto Benigni); hanno scelto (1946); è nato (Firenze).

8. Cambiare vita
sei partita, **ho** pensato, **ho** preso, mi **sono** iscritta, **Ho** inviato, **ho** ricevuto, **sono** partita, **sono** stata, **ho** trovato, **è** durato, **ho** fatto, **è** finito, **ha** offerto, **sono** finite, **ho** conosciuto, **abbiamo** cominciato, mi **sono** trasferita, **è** cambiata, **ho** cambiato.

9. Che lavoro fanno?
1. ho fatto, ho viaggiato, sono rimasto, ho dovuto, hanno chiesto, hanno avuto (**cantante**). **2.** Ci sono state, ho lavorato, Ho messo, ho tolto, ho provato, Ho conosciuto, hanno chiesto, Sono stata, ho avuto, sono andata (**modella**). **3.** mi sono alzata, mi sono fatta, mi sono messa, mi sono truccata, ho preparato, sono andata, sono arrivata, ho controllato, siamo saliti, siamo partiti, Siamo arrivati, sono ripartita (**hostess**).

10. Un week end alle Cinque Terre
è stata, È partita, è arrivata, Ha lasciato, ha comprato, è andata, Ha camminato, ha visto, ha incontrato, hanno preso, si sono fermati, hanno fatto, hanno continuato, hanno bevuto, sono arrivati, hanno preso, hanno passato, È stato.

11. Quante scuse!
1. ho potuto; 2. sono potuta; 3. ho voluto; 4. sono potuta, ho dovuto.

12. Curriculum Vitae
mi sono diplomata presso..., mi sono laureata in ..., ho seguito un corso ..., ho frequentato un corso..., ho ottenuto una certificazione..., ho fatto uno stage..., ho lavorato come..., sono stata responsabile..., mi sono trasferita a Madrid....

3. L'imperfetto

1. Ricordi
a. abitavamo, avevamo, dava, Era, ci piaceva, era, aprivamo, vedevamo, ci sentivamo, prendevamo, guardavamo. **b.** abitavo, avevo, dava, Era, mi piaceva, era, aprivo, vedevo, mi sentivo, prendevo, guardavo.

2. L'anno prossimo... vacanze separate
Gianna: era, c'erano, riuscivamo, rimanevo, mi annoiavo, Faceva, potevo, Bisognava (verbo in più: *stava*). **Umberto**: Eravamo, C'era, chiacchieravo, passavo, prendevo, facevo, era, piaceva, spendevamo, mangiavamo (verbo in più: *c'erano*).

3. Un extraterrestre ci guarda...
c'erano, aveva, portavano, faceva, Correvano, prendevano, c'era, suonava, guardavano, gridavano, tiravano, erano, si arrabbiavano, fischiavano. L'extraterrestre ha visto **una partita di calcio.**

4. Sembra ieri
uscivano, spegnevano, accendevano, andavamo, c'era, mangiavamo, eravamo, era, tenevano, era, bisognava, era, esisteva, esistevano, erano, facevano, C'era, si chiamava, Andavamo, aveva, portavamo, c'erano, eravamo.

5. I Romani a tavola
era, si mettevano, continuavano, c'erano, si sdraiavano, Stavano, tenevano, prendevano, usavano, tagliava, cominciava, aveva, finivano, cenavano, gettavano, pulivano, mangiavano, bevevano, chiacchieravano, si divertivano.

6. Rifletti sulla lingua
La soluzione è aperta.

4. Il passato prossimo e l'imperfetto

1. Una storia come tante
siamo venuti, doveva, abbiamo vissuto, ha trovato, ho cominciato, hanno imparato, andavano, avevano, era, ritornavo, potevamo, Sapevo, era, ho deciso, Ho cercato, Ho trovato.

2. Una vacanza in Toscana
avevamo, abbiamo scelto, Siamo stati, era, prendevamo, andavamo, rimanevo, si metteva, faceva, abbiamo fatto, abbiamo cenato, eravamo, ho notato, erano, si sono sposati, è nata, Ci siamo scambiati.

3. Fatti e situazioni
Una delle possibili soluzioni: 1. Siccome aveva una valigia pesante, ha preso un taxi. 2. Mentre guardavo la TV, mi sono addormentato. 3. Siccome non c'era acqua, hanno chiamato l'idraulico. 4. Mentre andava in bicicletta, è caduta e si è fatta male a una spalla. 5. Matteo ha pagato la vacanza perché da tempo voleva fare un regalo a Lucrezia.

4. Un venerdì 17
ho risposto, ho avuto, ho potuto, è successo, dovevo, mi sono alzata, è iniziata, uscivo, sono scivolata, ho battuto, preparavo, è caduto, si è rotto, c'era, ero, ho preso, C'era, sono arrivata, stava, dovevo, si è bloccato, ho potuto, abbiamo avuto, c'è stato/c'era, sono uscita, ho trovato.

5. Rapina una banca con un'arma giocattolo
[1] c'era, aveva, ha suonato, ha aperto, ha attraversato; [4] ha preso, ha puntato, guardavano, ha consegnato; [3] si è accorto, era, si è alzato, ha cercato; [5] è uscito, hanno

potuto, c'era; [2] sembrava, è andato, aspettava, ha puntato, ha detto.

6. Pappagallo cercasi
è successo, sono morti, abbiamo deciso, ha abitato, parlava, sapeva, lasciavamo, si è aperta, è volato, si metteva, mi dava, hanno preparato, hanno fatto, hanno messe, hanno ricevuto, hanno visto.

7. L'orario dei miei desideri
Gianluca Sorani: ho cominciato, aveva, ci vedevamo, erano, passavano, stavo, Avevo, ho deciso, è diventata, volevo, Ho abbandonato, è cambiato.
Anna Dondolini: sono nati, ho dovuto, costava, dovevo, spendevo, guadagnavo, sono rimasta, sono andati, ero, piaceva, ho avuto.

8. Rifletti sulla lingua
1 c; 2 d; 3 b; 4 a; 5 e.

5. Le forme riflessive

1. Gina, la regina
mi, mi, mi, si, ci, Vi, si, ci, mi, si, mi, mi, mi, mi.

2. Riflessivi o no?
a. 1. lava, 2. si lava, 3. taglia, 4. si taglia, 5. pettina, 6. si pettina, 7. sporcano, 8. si sporcano, 9. allena, 10. si allena.
b. 1. ha lavato, 2. si è lavata, 3. ha tagliato, 4. si è tagliato, 5. ha pettinato, 6. si è pettinata, 7. hanno sporcato, 8. si sono sporcati, 9. ha allenato, 10. si è allenato.

3. Ti diverti o ti annoi?
a. mi vergogno, b. si annoia, c. si rilassano, d. ti dimentichi, e. ci divertiamo, f. vi arrabbiate.

4. Margherita
[4] si prepara; [3] si mette, si vestono; [1] si sveglia, si alza; [5] si siedono, si parlano; [6] si lava, si pettina, si trucca; [2] si fa; La risposta giusta è **c**.

5. Amore tra i libri
si sono conosciuti, ci siamo guardati, ci siamo sorrisi, ci siamo scambiati, si sono sposati, si vedono, si vogliono bene. Anna ha studiato a **Milano**. Anche Domenico ha studiato a **Milano**. Anna lavora a **Venezia** e Domenico a **Milano**.

6. Rifletti sulla lingua
La soluzione è aperta.

6. Il trapassato prossimo

1. Problemi di lavoro
Lunedì 17 dicembre: avevamo parlato, avevo considerato, si erano lamentati, avevano ricevuto, avevamo promesso, avevo inviati, avevo aspettato. **Martedì 18 dicembre**: ho avuto, ho fatto vedere, ha detto, andava, Ha aggiunto, ho detto, ha risposto. **Mercoledì 19 dicembre**: sono, va, Scusami, sopporto.

2. Cose che capitano!
a. avevate mangiato; b. avevano rubato; c. avevo comprato; d. avevo dimenticato; e. era ... andato; f. aveva avuto; g. avevi studiato; h. aveva tagliato; i. erano rimasti; l. aveva ... lavato.

3. Trapassato... colorato
a. avevamo ... visto; **b.** erano arrivati; **c.** mi ero innamorato/a; **d.** era stato; **e.** si era accorta; **f.** avevo speso; **g.** avevano preso; **h.** aveva litigato; **i.** avevamo passato.

4. Ladro restituisce il bottino
è salito, ha messo, aveva ritirato, ha sentito, veniva, Si è girato, ha visto, era caduto, gridava, aiutava, è salito, ha preso, si è accorto, erano, avevano ... derubato, ha bloccato, era successo, aveva rimessa.

5. Una vacanza sfortunata
comprendeva, è andata, sono iniziati, ci siamo accorti, avevate detto, dovevamo, passava, è successo, avevamo già pagato, abbiamo mangiato, abbiamo chiesto, è stato, ha risposto, c'era stata, aveva bloccato, aveva potuto, abbiamo scoperto, avevano tolto, aveva pagato, è stata, è sparito, siamo più riusciti, avevamo mai visto.

7. Il futuro semplice

1. Progetti
Luca: andrò, viaggerò, Prenderemo, cercheremo.
Maurizio: inizierò, assumeranno, riparerò, daranno.
Federico: partiremo, faremo, Affitteremo, torneremo, sentiremo. **Giovanna:** apriranno, aiuterò, potrete.
Carolina: starò, organizzerò, dimenticheremo.

2. Annunci... incompleti
a. si terrà, (chiesa); b. (treno), arriverà; c. (autobus), circoleranno; d. sarà, (bicicletta); e. potranno, (modulo).

3. Previsioni meteo
porterà, Dovremo, avremo, pioverà, ci saranno, aumenteranno, sarà, potremo, splenderà, raggiungeranno.

4. Oroscopo
Forme sbagliate: dedicarete, saperanno, poterete, chiudrete, guardarete. **Forme corrette:** dedicherete, sapranno, potrete, chiuderete, guarderete.

5. Prima di partire
a. rivedrò, avrò, farò, mancheranno, Avrò, sarà. b. ci sposeremo, arriverai, ci saranno, verremo, rimarremo, andremo.

6. Mah, non so...
1. e: farà; 2. d: costeranno; 3. b: piaceranno; 4. a: saranno, saranno, vorranno; 5. c: avrà.

7. Rifletti sulla lingua
La soluzione è aperta.

8. Il futuro anteriore

1. Pinocchio e il Grillo Parlante
andrò, avrò detto, avranno litigato, si pentiranno, succederà, sarò tornato, manderà, dovrò, potrò, sarai diventato, prenderanno, farò, vorrò.

2. Pinocchio va a scuola
avrò imparato, imparerò, avrò riempito, comincerò, avrò studiato, guadagnerò, avrò messo, regalerò.

3. Notizie... incomplete
1. c: diventerà, avrà approvato; 2. e: saranno finiti, offrirà; 3. a: sarà migliorata, potrà; 4. b: avranno ritirato, parteciperanno; 5. d: Sapremo, potrà, avranno giocato.

5. Che cosa pensi?
1. Avrà/Avrà avuto, Starà; 2. le avrò messe; 3. sarà, sarà successo; 4. verrà; 5. sarà; la risposta giusta è **b**.

6. Che cosa sarà successo?
Una delle possibili soluzioni: 1. Il proprietario della villa sarà partito per il giro del mondo! Non avrà chiesto a nessuno di occuparsi della casa e sarò impossibile contattarlo. 2. Lo avranno abbandonato. Qualcuno lo troverà e lo porterà a casa. 3. Si sarà stancato/Sarà stanco. - Il libro sarà/sarà stato noioso. 4. Sarà rimasto senza benzina. - Avrà/Avrà avuto un problema con la macchina. 5. Gli avranno rubato il portafoglio. - Starà inseguendo il ladro.

9. Il passato remoto

1. Il re Mida
a. rimase – rimanere; Andò – andare; raccontò – raccontare; fece – fare; tornò – tornare; aprì – aprire; diventò – diventare; fu – essere; ebbe – avere; bevve – bere; diventò – diventare; dovette – dovere. b. toccò, diventò, dovette, si arrabbiò, fece, andò, diventarono, Fu, Tornò, disse, aspettò, salì, si trovò.

2. Alla stazione
si affacciò, camminò, Era, Accese, guardò, aspettavano, fecero, rispose, apparve, Aveva, Portava, vide, diede, sembrava, entrò, era, si avvicinò, toccò, mise, si sedette, ebbe, si prese, Restò, si spalancò, entrò, Era, portava, scattò, diede, si portò, avanzò, sorrise, prese.

3. La nonna e l'Ipad
Presi, mostrai, chiese, Cercai, trovavo/trovai, era, usava, spediva, mi dimenticavo, si arrabbiava, Decise, disse, corressi, guardò, sembrò, pubblicai, ricevette, fu, diventò.

4. Chi, dove, quando?
1. c: fu; 2. a: scrisse; 3. c: iniziò; 4. a: vissero; 5. b: nacque; 6. c: si incontrarono; 7. a: divenne; 8. b: dipinse.

5. La storia della pasta
facevano, ricavavano, si chiamavano, iniziò, incontrò, mangiava, Fu, ebbe, permise, nacquero, aveva, Cominciò.

6. Paganini non ripete
nasce – nacque; Inizia – Iniziò; fa – fece; compone – compose; si presenta – si presentò; dà – diede; intraprende – intraprese; suscitano – suscitarono; comincia – cominciò; conduce – condusse; diventa – diventò; perde – perse; È – Fu; riprende – riprese; dice – disse; fanno – fecero; ha – ebbe/aveva; si esibisce – si esibì; Investe – Investì; rovina – rovinò; litiga – litigò; muore – morì; può – poté; ottiene – ottenne; riesce – riuscì. La risposta corretta è **b**.

7. Rifletti sulla lingua
La soluzione è aperta.

8. Ricorda: 1 3 3

10. Il trapassato remoto

1. Le stelle alpine
si perse, fu arrivata, si addormentò, Sognò, si svegliò/si fu svegliato, provò, cominciò, sentì, si fu avvicinato/si avvicinò, vide, ebbe raccontato, decisero, disse, li portò, fu arrivato/arrivò, riconobbe, Le regalò, la chiese, si furono sposati, rimase, si accorse, decise, volle, si diffusero.

11. Le forme impersonali

1. Il tempo pazzo
21 marzo: nevica, **21 aprile:** piove, **21 giugno:** fa freddo,

21 luglio: grandina, **21 dicembre:** fa caldo.

2. Matrimonio all'italiana
si invia, si vuole, si mandano, si fa, si chiede, si fa, si può, si butta, si dice, si mangia, si beve, si sta, si regala, si offrono.

3. Il galateo a tavola
ci si comporta, ci si siede, si può, si mette, si appoggiano, ci si serve, si soffia, ci si pulisce, si tagliano, ci si aiuta, si raccoglie, si ha, ci si soffia, ci si alza, ci si allontana, si usano. La soluzione è **c**.

4. Paese che vai, usanze che trovi
1. non ci si abbraccia; 2. si arriva; 3. si mangia, si condivide; 4. si è, si può; 5. si mangia; 6. non si possono; 7. si porge, si usano; 8. non ci si soffia; 9. si beve; 10. si scuote, si muove.

5. Quello che degli italiani sembra strano...
1. non bisogna regalare; 2. è normale/possibile interrompere; 3. è normale/possibile abitare; 4. non è normale/possibile bere; 5. è meglio sedersi; 6. è meglio/bisogna dire; 7. è normale/possibile parlare, gesticolare; 8. è importante non /non bisogna sedersi.

6. Rifletti sulla lingua
1. è meglio – impersonale; 2. occorre – impersonale; 3. servono – personale; 4. capitano – personale; 5. È meglio – impersonale; 6. diventano – personale; 7. conviene – impersonale; 8. bastano – personale; 9. bisogna – impersonale; 10. Occorre – personale.

12. Il condizionale

1. Cambiare vita
a. Lascerei, partirei, Lavorerei, mi dedicherei, mi piacerebbe, metterei, mi sentirei, Sarebbe, cambierebbe. **b.** Lasceremmo, partiremmo, Lavoreremmo, ci dedicheremmo, ci piacerebbe, metteremmo, ci sentiremmo, Sarebbe, ci cambierebbe. **c.** Lasceremo, partiremo, Lavoreremo, ci dedicheremo, ci piacerà, metteremo, ci sentiremo, Sarà, ci cambierà. **d. CAMBIARE - Condizionale:** cambierei, cambieresti, cambierebbe, cambieremmo, cambiereste, cambierebbero. **Futuro:** cambierò, cambierai, cambierà, cambieremo, cambierete, cambieranno.
ESSERE - Condizionale: sarei, saresti, sarebbe, saremmo, sareste, sarebbero. **Futuro:** sarò, sarai, sarà, saremo, sarete, saranno. **Somiglianze:** la "a" dell'infinito dei verbi in –are cambia in –e; nella prima persona plurale (noi) del futuro c'è una sola "m", mentre nel condizionale ce ne sono due.

2. Ognuno porta qualcosa
Tzatziki – Heleni (Grecia), faresti, Andrebbe. **Salmone** – Jean (Scozia), potresti, Sarebbe. **Tempura** – Takako (Giappone), prepareresti. **Cous-cous** – Aida (Marocco), piacerebbe. **Sacher** – Yutta (Austria), penseresti, Avresti. **Involtini primavera** – Xiao Yi e Yen (Cina) portereste, piacerebbero. **Gazpacho** – Pablo (Spagna), mi aiuteresti. **Vino** – Valérie (Francia), mancherebbe, porteresti.

3. Consigli
1. e, berrei, mi riposerei; 2. a, penserei, uscirei; 3. d, comprerei; 4. c, rimarrei, leggerei; 5. b, farei, salterei, potresti.

4. Castelli in aria
Quali di questi alberghi "principeschi" *scegliereste*?
Giorgio e Francesca: sarebbe, piacerebbe, andrei, vedrebbero, faremmo. [Hotel Le Ville]. **Mauro e Anna:** vorremmo, Sarebbe, avremmo. [Hotel Schloss Mondschein]. **Paolo e Teresa:** andrebbero, si divertirebbero, passerei, partirebbe, assaggeremmo [Hotel Il Castello del Cinghiale].

5. Castelli... infranti
Giorgio e Francesca: sarebbe stata, sarebbe piaciuto, sarei andata, avrebbero visto, avremmo fatto. **Mauro e Anna:** avremmo voluto, sarebbe stato, avremmo avuto. **Paolo e Teresa:** sarebbero andate, si sarebbero divertite, avrei passato, sarebbe partito, avremmo assaggiato.

6. Chat di famiglia
colonna sinistra – **Leo:** avrei offerto, tirchia. **Leo:** avresti dovuto, sarei uscito, secchione. **Francesco:** saresti arrivata, ritardataria. *colonna destra* – **Francesco:** saresti tornato, avresti potuto, abitudinario. **Sofia:** avreste litigato, avrei risposto, permaloso. **Sofia:** ti saresti divertita, sarebbe piaciuto, dormigliona. **Leo:** avresti dovuto, avrei spiegato, sarebbe stato, irascibile

7. "Il condizionale è d'obbligo"
a. sarebbero conosciuti, avrebbero cercato, si sarebbe difeso, sarebbero scappati. **b.** avrebbe scoperto, colpirebbe, sarebbe, darebbe. **c.** sarebbero migliorate, lascerebbero. **d.** sarebbe stata attaccata, sarebbe partito, si tratterebbe.

8. Rifletti sulla lingua
La soluzione è aperta.

13. Concordanze dei modi e dei tempi dell'indicativo

1. La scala dei tempi
a. *lunedì:* aveva firmato; *martedì:* mi ha scritto; *mercoledì:* ho molto lavoro da fare; *giovedì:* verrà; *venerdì:* organizzeremo. **b.** Mercoledì scorso avevo molto lavoro da fare perché il giorno prima mi aveva scritto l'ingegner Filippetti per dirmi che il giorno prima aveva firmato il contratto con lo studio dell'architetto Marchesini, che il giorno dopo sarebbe venuto in ufficio e che venerdì avremmo organizzato una riunione con tutti i colleghi. **c.** *lunedì:* aveva firmato; *martedì:* mi aveva scritto; *mercoledì:*

avevo molto lavoro da fare; *giovedì*: sarebbe venuto; *venerdì*: avremmo organizzato.

2. Che dimenticanza!
ha perso, giocava, spendeva, si è dimenticato, sono usciti, mi ero dimenticato, aveva perso, avrebbe potuto, era, avrebbe vinto, si arrende, ricomincerò, ci sarà.

3. Giro del mondo in... bicicletta
è cominciato, hanno attraversato, aveva, volevamo, era, piaceva, eravamo, avevamo fatto, sapevamo, sarebbe stata/era, avrebbe dato.

4. Dal sogno alla realtà
a. ero, faceva, rientrava, raccontava, ho pensato, ho iniziato, sono rimasta, mi sentivo, sopportavo, era appena andato, ho preso, ho dato, sarebbe cambiata, sono. **b.** ho aperto, avevo, volevo, Avevo, cercavano, avevo, farò, l'abbiamo presa, L'abbiamo inaugurata, avevo finito, avevo fatto, sarebbe stato, ha proposto, abbiamo aperto, invento, organizziamo, Abbiamo, Ho realizzato.

5. Lettera a un'amica
dovrò/devo, sono stati, sono arrivata, è stato, Ho dovuto, sono, avevo, capivo, riuscivo, organizzavano/organizzano, ho frequentati, ho potuto/potevo, ho dato, sei, sarai, conosci, mi sarei abituata, Vedrai, avrai superato, ti troverai, andrai, potranno, avranno dato, potrai, avrai, avrei avuto, rifarei.

6. I pensieri di nonno Domenico
Il 10 agosto di cinque anni fa era una bellissima giornata di sole: ero in spiaggia sdraiato sotto l'ombrellone e stavo dormendo. Mi sono svegliato perché suonava/è suonato il cellulare. Sono tornato improvvisamente alla realtà: era mio figlio Massimiliano che mi telefonava da Londra per dirmi che era diventato papà. Si era sposato due anni prima con una ragazza inglese e quel giorno era nata Gabriella. Mi sono alzato di botto, ho picchiato la testa contro l'ombrellone, ho cominciato a camminare sulla spiaggia senza una direzione precisa. Ero così confuso e felice che non vedevo dove mettevo i piedi. Appena ho finito di parlare con lui, ho comunicato la bella notizia a mia moglie, a parenti e amici. Tutti mi dicevano: "Auguri, nonno Domenico!" Mi sono seduto sotto l'ombrellone e ho cominciato a pensare... "Io nonno?" Ero contento, ma mi sentivo improvvisamente vecchio. Per di più pensavo/ho pensato che la mia nipotina sarebbe cresciuta in Inghilterra, avrebbe parlato inglese e non ci saremmo mai capiti. Mi domandavo come avrei fatto a giocare con lei, come le avrei chiesto un bacino, come le avrei detto "Gabriè, bell'o nonno, damme nu vase". Che cosa potevo fare? Avrei studiato l'inglese... o forse no: le avrei insegnato il napoletano, così non avrebbe mai dimenticato le sue radici italiane!

14. L'imperativo
Esercizi sull'uso dell'imperativo

1. Formale o informale?
1: tu; 2. Lei; 3. tu; 4. Lei; 5. Lei; 6. Lei; 7. tu: 8. Lei.

2. Come si fa?
In ufficio: senti, Apri, clicca, Seleziona, scegli, Scrivi, aggiungi, inserisci, premi, guarda. **In albergo:** Punti, prema, scusi, dica, usi, prema.

3. Vivi in un mondo migliore!
1. e, fare; 2. g, Pensa, agisci; 3. a, Usa, andare; 4. f, calpestare; 5. l, Pianta; 6. b, Consuma; 7. c, Scegli; 8. d, Ricicla; 9. h, Sorridi; 10. i, stare, cerca.

4. Viaggia in modo diverso!
1. visitare; 2. Va'/Vai, guarda, ascolta; 3. chiedi; 4. Viaggia, fare; 5. Sii, impara; 6. avere; 7. comprare, spendi; 8. cercare, rimani; 9. prova.

5. In quali situazioni si trovano queste persone?
1. Venga, Compili, tenga, scriva, Indichi, dia, attenda, [**in Questura/in un ufficio pubblico**]; 2. Scusi, Dica, stia, non tolga, usi, rimanga, Sappia, abbia, [**dal dottore/in ospedale**]; 3. Senta, Vada, prenda, attraversi, entri, salga, chieda, [**per la strada al cellulare**].

Esercizi sull'imperativo con i pronomi

1. Giusto o sbagliato?
1. S, non alzarti; 2. G; 3. G; 4. S, si sieda, si accomodi; 5. G; 6. G; 7. G; 8. S, dammi, dammelo.

2. Bucatini all'amatriciana
friggetelo, cuocete, mettete, buttate, scolateli, conditeli.

3. Prendi un sorriso
regalalo, fallo, facci, posala, mettilo, raccontala, vivi, dalla, fallo.

4. Se bella vuoi divenire...
a. togliti, mettiti, appoggiati, sta'/stai, fare, sbrigati, farmi/mi fare; tirarmeli/me li tirare; muoverti/ti muovere; **b.** Mi dica, Me li tagli, facciamoli, si preoccupi, me ne dia. La soluzione è **c**.

5. Rifletti sulla lingua
La soluzione è aperta.

15. Il congiuntivo
Esercizi sul congiuntivo presente e passato

1. Un gatto + un gatto
torni, si perda, si faccia, stia, trovi, venga. La frase principale da cui dipendono i congiuntivi è: **speriamo che**.

2. Perdere la pazienza
1. perdano, b; 2. mettano su, e; 3. cambi, f; 4. riprendiate, c; 5. dia, h; 6. abbia, d; 7. raggiungano, a; 8. saltiate, g.

3. Viva l'italiano!
piaccia, significhi, vada, sia stato, sia aumentato, debba, vogliano, abbiano aderito, frequentino, diano, abbiano attivato, abbiano deciso, apprezzino.

4. Prendere la decisione giusta
1. abbia preso, b; 2. abbia seguito, c; abbia vinto, e; 4. vi siate trovati, a; 5. abbia fatto, d; 6. abbiate avuto, g; si siano presi, f; 8. si sia rovinato, h.

Esercizi sul congiuntivo imperfetto e trapassato

1. La nonna
parli – **parlasse**; giochi – **giocasse**; faccia – **facesse**; abbracci – **abbracciasse**; venga – **venisse**; vizi – **viziasse**.

2. Scambio di automobile
iniziasse, ci fosse, avessero avuto, ci fossero, andasse, lasciasse, fosse sceso, avesse deciso, dessi, fosse, potessi, fossi salita.

Esercizi sugli usi del congiuntivo

1. E-mail a un giornale
a. ho scelto, è sempre stato, studi, mi dedichi, diventi, siano, sia, dia, parli, usi, ho già provato. **b.** possa, rappresentano, ho, siano, tocchi, trovi, progetti, prenda.

2. Proposta per l'estate
piace, faccia, ha lavorato, sappia, sei, paghino/pagano /pagheranno, debba/devi/dovrai, stia, rimane, sia, puoi/potrai, voglia/vorrai.

3. Libri e humor
Sebbene, non è detto che, purché, affinché, senza, credo che, Si dice che, perché, mi sembra di, mi pare che.

4. Una serata da dimenticare
avesse accettato, vedevo, stesse, avesse fatto, sono andata, sta, si trattasse, si è innamorato, fossero, era, se ne erano andati, avevano visto, ce ne accorgessimo, fosse, lasciassero, arrivasse, voleva, conosceva.

Esercizi sulle concordanze del congiuntivo

1. Dal presente al passato o... viceversa
1. Lorenzo era un po' preoccupato: speravo che gli avessero già comunicato i risultati delle analisi. 2. Nonostante il medico gli abbia detto mille volte di smettere di fumare, lui non vuole saperne. 3. Il presidente, sebbene non avesse partecipato alla riunione, aveva comunicato la sua decisione. 4. Aspettavamo/abbiamo Aspettato che voi tornaste dalle vacanze per organizzare la festa. 5. Voglio che tutto sia pronto prima che gli ospiti arrivino. 6. Malgrado non avessero molti soldi, facevano/hanno fatto dei viaggi splendidi. 7. Potevate venire da me quando volevate, bastava che mi avvertiste. 8. Bisogna che tutte le scuole siano chiuse per poterle usare come sedi elettorali. 9. Era assurdo che gli studenti non usassero il laboratorio, con tutti i soldi che era costato! 10. Ci sentivamo un po' soli perché i nostri figli si erano sposati: chiunque venisse a trovarci, era benvenuto.

2. La melanzana di Biancaneve
si trattasse, fosse successo, fosse, avessero mangiato/mangiassero/avrebbero mangiato, fossero, abbia potuto, stiano, vadano.

3. Pennichella sì o no?
sia diventata, alteri, abbia dato, possa, abbia vinto, abbia sostituito, adottassero/avessero adottato, ascoltiamo, facciamo, superino, dia.

4. Caro Fabrizio
abbiano trasferito, abbia ... risolto, andasse, avrebbero licenziato/licenziassero/avessero licenziato, cresca/stia crescendo, siate, sarebbe passato/passasse, passerà/passi, abbia, sia, partisse, sarebbe rimasto/rimanesse/fosse rimasto, sia sparito.

16. Il periodo ipotetico

1. I proverbi del contadino
1. sarà/è, e; 2. peggiorerà/peggiora, h; 3. arriverà, a; 4. nevica/nevicherà, b; 5. porta, d; 6. aspetta, c; 7. pioverà, f; 8. vedi, g.

2. Hai le mani bucate?
1. proponessero, Partirei, Andrei, mi sentirei, Rinuncerei. 2. volessi, ti accorgessi, Cambierei, comprerei, Chiederei, rinnoverei. 3. scoprissi, prenderei, Uscirei, Aspetterei. 4. dovessi, Cucinerei, metterei, mi preoccuperei, Preparerei. 5. vedessi, avessi, farei, Sceglierei, Comprerei. 6. desiderasse.

3. È inutile piangere sul latte versato...
1. d: fossero arrivati, avrebbero trovato, ci avrebbero visto. 2. b: avesse rivisto, avrebbe dimenticato. 3. f: ci fossimo alzati, saremmo riusciti. 4. e: avessi accettato, saresti. 5. c: avesse sposato, starebbe. 6. a: dicesse/avesse detto, stesse/fosse stata, avrebbero approfittato. 7. h: aveste tradotto, avreste fatto. 8. g: gli avessi detto, sarebbe stato.
Soluzione possibile: Non lamentarti adesso! Se avessi risparmiato, ora non avresti tutti questi debiti!

4. Un pacchetto di biscotti
avesse chiesto, avrei offerto, direi, avessi, avesse lasciato, me ne fossi accorta, giudicassimo, eviteremmo, sarebbe, sapessimo, ti saresti comportato/-a comporteresti, ti fossi trovato/-a trovassi. La soluzione è **b**.

17. Concordanze dei modi e dei tempi verbali

1. Gentile Signora Giovanna...
dimenticherò, potranno, verranno, sono mai stati, raccontassi, inviterò, assaggino, fosse.

2. L'amore è cieco
possa, tornassi, invitassi, ho imparato, è, obblighino, dai, porti, ti preoccupi, sia, fossi, trovi, cerchi, abbia ... conosciuto.

3. L'italiano medio del Nord
vanno, hanno affittato, fosse, si sono resi conto, Siamo scappati, ha cambiato, studia, contribuisca, impari, ha avuto, partisse, accompagni, scelga, parli, si allontana, è, avesse continuato.

4. L'italiano medio del Sud
lavorava, è riuscito, fa, fossi rimasto, Avrei avuto, migliorassero/sarebbero migliorate, ha lasciato, ripetesse, se ne andrà, sia, porta, suona, piaccia, preferirei.

5. La gita di Farfa
avrei preferito, fossero, avrebbe fatto, avrebbe lasciato, era già andato, dicesse, ci ritrovammo, potesse, capisse, avrebbe offesa, inventammo, vedesse, si affacciò. La risposta è **a**.

6. Patti chiari, amicizia lunga
desse, sarebbe cominciato, avrebbe sconvolto, avevo visto, dormisse, cominciò, prese, venne, stesse/stava, stavo organizzando/avevo organizzato, interessasse, Cerco/Sto cercando, voglia, abbia, aiutasse, poteva/avrebbe potuto, lavori, devi/dovresti, posso/potrei, trovi, sia, ci mettemmo, capii.

7. Ritorno in Lucania
preferisco, guardavo, aveva, girai, fu, andai, fosse, ho mai visto, sono mai stato, sia venuto, abbia visto, abbia, possa.

8. La storia dei baci Perugina
Quando **sono nati** *i Baci Perugina, i cioccolatini più famosi d'Italia?*
La storia dei Baci Perugina è **iniziata/iniziò** nel 1922 a Perugia, grazie a una donna eccezionale, Luisa Spagnoli.
Chi **era** *Luisa Spagnoli?*
Era una imprenditrice molto innovativa per quei tempi. Appena sposata, **lavorò/lavorava** in un negozio di drogheria nel centro di Perugia, che alcuni anni dopo **sarebbe diventato** il primo laboratorio della famosa fabbrica Perugina.
Un laboratorio piccolo, giusto?
Sì, assolutamente. Ma nel 1922 Luisa **avrebbe cambiato** il destino della Perugina. In azienda **c'era** l'abitudine di buttare, a fine giornata, il cioccolato e la granella di nocciola non usate. Ecco allora la proposta della signora Spagnoli: invece di buttarli, **sarebbe stato** meglio utilizzarli per fare un cioccolatino!
Un'idea geniale e anche attuale...
Esatto, anticipando i nuovi stili di vita antispreco, l'imprenditrice non **voleva** che la Perugina **sprecasse** ingredienti di qualità.
E qui è **iniziata/iniziò** *la fortuna del "Bacio Perugina"...*
Sì, proprio così... attenzione però! All'inizio questo cioccolatino non **si chiamava** "bacio", ma "cazzotto": a Luisa, infatti, **sembrava** che questi cioccolatini **avessero** una forma che **ricordava** le nocche di una mano chiusa in un pugno.
Ma "cazzotto" **era** *un nome strano per un cioccolatino....*
A dire il vero, neanche Giovanni Buitoni, che **aveva** una relazione con Luisa Spagnoli, **era** convinto di questo nome: gli **pareva** che non **fosse** adatto per qualcosa di dolce come un cioccolatino. E così il "cazzotto" **si trasformò/è trasformato** in "Bacio", perfetto anche per ricordare l'amore di Giovanni per Luisa. Il Bacio Perugina, avvolto insieme al suo messaggio nella carta d'argento, **diventò** quindi un'icona dell'amore universale.

18. La forma passiva

1. Denunciata per foto al funerale
è stata denunciata, è stata sorpresa, era stata attratta, era stata "abbellita", si mettono, si fanno, si fanno, andrebbe chiesto, sono state accettate, è stata ritirata.

2. Notizie di cronaca
a.: I carabinieri *sono stati subito avvertiti*; La segnalazione della donna *è stata valutata dai carabinieri*; La settimana prima infatti, per lo stesso motivo i carabinieri *erano stati chiamati da un signore*; Una squadra di sommozzatori *è stata mandata dai carabinieri*; Nonostante lunghe e accurate ricerche, l'animale *non è stato trovato dai sommozzatori*. **b.:** In poco più di un mese *sono stati compiuti* tre furti nella stessa farmacia; La cosa incredibile è che queste tre rapine *sarebbero state commesse dallo stesso ladro*; Anche ieri sera l'incasso della farmacia *è stato rubato dal giovane, armato*; Il bottino, tuttavia, è stato magro: i soldi *erano appena stati depositati* in banca *dalla proprietaria*. **c.:** Durante l'opera di ristrutturazione del teatro alla Scala, *è stato ritrovato* un pozzo romano; I lavori *sono stati subito sospesi*; *È atteso* con impazienza il parere degli esperti; Quando i lavori *potranno essere ripresi dall'impresa*, *sarà/verrà ristrutturata* la platea; Successivamente *sarà/verrà migliorata* l'acustica e *saranno/verranno sistemati* i palchi.

3. Sei consigli per mangiare sano
1. possono essere cucinate, 2. possono essere insaporiti, 3. possono essere abbinati, 4. possono essere lavate, 5. possono essere riutilizzati, 6. può essere cotto.

4. Dieci regole per viaggiare sicuri
1. vanno rispettati/devono essere rispettati; **2.** vanno allacciate/devono essere allacciate; **3.** va mantenuta/deve

essere mantenuta; **4.** va utilizzata/deve essere utilizzata; **5.** va messo/deve essere messo; **6.** vanno accesi/devono essere accesi; **7.** vanno bevuti/devono essere bevuti; **8.** vanno controllate/devono essere controllate; **9.** vanno fatti sedere/devono essere fatti sedere; **10.** va indicato/deve essere indicato.

5. Il caffè
a. si coltiva, si raccoglie, si seccano, si aprono, si prendono, si fanno, si ricavano, si tosta, si riscalda, si mescola. **b.** va riempito, va versata, va rovesciata, va messa, va capovolta.

6. La storia della pizza
In tempi antichissimi la pizza era una specie di focaccia di grano che dai Romani **era chiamata/veniva chiamata** "picea", da cui deriva "pizza". **Era riempita/Veniva riempita** con una farcitura, poi **era piegata/veniva piegata** in due e **era cotta/veniva cotta** su pietre riscaldate: si trattava, insomma, di un calzone. La forma attuale della pizza risale all'inizio del XIX secolo, quando il pomodoro divenne il protagonista di questo piatto. A Napoli, nel 1830, **fu aperta/venne aperta** la prima pizzeria. Prima di allora le pizze **erano preparate/venivano preparate dai pizzaioli ambulanti** e **erano vendute/venivano vendute** per la strada. La pizza **era amata** soprattutto **dalle** classi sociali più povere, ma poi **fu apprezzata/venne apprezzata** anche **dagli** aristocratici. La pizza "Margherita" **fu inventata/venne inventata dal pizzaiolo Raffaele Esposito** nel 1889 in onore della regina Margherita di Savoia e fu proprio per lei che **furono scelti/vennero scelti** ingredienti che avevano gli stessi colori della bandiera italiana: il basilico per il verde, la mozzarella per il bianco e il pomodoro per il rosso.

7. Critiche: come farle e come reagire quando si ricevono
viene definita, possono essere espresse, viene messa, andrebbero accettate, vengono formulate, può essere superato, vanno intese, è stato detto, è stata fatta, viene rivolta.

8. Rifletti sulla lingua
La soluzione è aperta.

19. I modi indefiniti
Esercizi sull'infinito

1. La crostata dell'Adriana
1. Mescolare, metterli, fare, romperci; **2.** Impastare, dopo aver fatto, unirlo; **3.** Grattugiare, aggiungerla; **4.** Dopo aver lavorato, fare, metterla, coprirla; **5.** Prendere, rivestirla, Accendere; **6.** Dopo averla lasciata, prendere, tenerne, stendere, premerla; **7.** Rialzare, distribuire; **8.** fare, stenderle; **9.** Mettere.

2. Notizie
1. hanno minacciato di fare; **2.** dopo aver passato; **3.** hanno deciso di chiedere, ha visto i genitori litigare, ha detto di non voler più abitare; **4.** nell'aprire, per farla analizzare; **5.** dopo aver spruzzato; **6.** per aver azionato.

Esercizi sul gerundio

La protesta di un tranviere
1. toccando: modale; **2.** passando: temporale; **3.** appendendosi: modale; **4.** spiegando: modale; **5.** potendo: ipotetico; **6.** essendo: concessivo; **7.** Volendo: causale; **8.** bloccando: consecutivo; **9.** causando: consecutivo.

2. All'università
1. Compilando; **2.** Essendo; **3.** Volendo; **4.** Pur sapendo; **5.** Diventando.

3. Strano, ma vero!
a. dovendo, abitando, avendo perso, utilizzando; **b.** Vedendo/Avendo visto, gridando, Sentendo, pensando, parlando; **c.** mentendo; **f.** essendosi accorta/accorgendosi, dando, strappandogli, facendo.

Esercizi sul participio

1. Qualcosa o qualcuno che...

Orizzontali: 1. CONVIVENTE; 4. ASSISTENTE; 8. NEGOZIANTE; 9. CALMANTE; 11. STANCANTE; 12. DETERGENTE.
Verticali: 2. INV...; 3. VINCENTE; 5. ...; 6. PERMANENTE; 7. STAGNANTE; 10. AMANTE.

2. Università: norme per l'iscrizione
equivalente, provenienti, iscrittisi, indicate, predetti, richiesti, precedenti, attestante, superati.

Esercizi sugli indefiniti

1. Saggezza... verbale
Sbagliando si impara - Partire è un po' **morire**. - Gobba a ponente luna **crescente**. Gobba a levante luna

calante. - Sposa **bagnata**, sposa fortunata. - Uomo **avvisato**, mezzo salvato. - Chi vive sperando, muore **cantando**. - Provare per **credere**. - Cosa **fatta**, capo ha. - Volere è **potere**. - Tra il dire e il **fare** c'è di mezzo il mare. - Errare è umano, **perseverare** è diabolico. - **Morto** un Papa, se ne fa un altro. - Guardare e non **toccare** è una cosa da imparare. - Fare e **disfare** è tutto un lavorare. - L'appetito vien **mangiando**. - Prendere o **lasciare**.

2. Rimedi contro la stanchezza
muovendosi, Facendo, praticando, sforzandosi, Cominciando, arrivare, andare, ottenere, portandolo, usare, scegliere, uscendo, camminare, guardando, leggendo.

3. Gli italiani e il tempo libero
a. ripetere, sembrare, sorprendente, averne, essere tornato, terminati, essere, lavorando, avendo, potendo, partendo, facendo. **b.** 1. infinito semplice: verbi di percezione; 2. infinito semplice: consecutivo; 3. participio presente: aggettivo; 4. infinito semplice: verbo + di; 5. infinito composto: temporale; 6. participio passato: temporale; 7. infinito semplice: modale; 8. gerundio semplice: ipotetico; 9. gerundio semplice: ipotetico; 10. gerundio semplice: ipotetico; 11. gerundio semplice: modale; 12. gerundio semplice: modale.

4. Siamo senza parole
essere, derivanti/derivate, valutando, utilizzate, tratti, presi, corrispondente, attribuito, Detto, irritanti, riuscire.

20. I verbi fraseologici

1. Discussione
cominciare a, ho finito per, smetterla di, Stai scherzando, lasciarmi travolgere, Cerchiamo di, Ti lasci influenzare, metterti a, stavo diventando.

2. Ricordi di un direttore d'orchestra
1. ho cominciato ad allontanarmi; 2. Ho smesso di fare musica e di ascoltare; 3. stava suonando; 4. Me lo sono fatto regalare dai; 5. ho iniziato a studiare; 6. Ho cercato di/Ho provato a; 7. Mi sono sforzato di; 8. far passare i sentimenti; 9. lasciarsi trasportare dalla musica; 10. Ho smesso di dirigere l'opera; 11. stava per finire.

3. Pulizia delle spiagge: istruzioni e consigli
1. state, 2. cominciare a, 3. fate/lasciate, 4. finiate per, 5. Provate a/Cercate di, 6. Cercate di/Provate a, 7. continuate a, 8. si facciano/si lascino.

21. Il discorso indiretto

1. La telefonata
■ Guido, finalmente ti ho trovato! Che cosa fai in Italia?
□ È stata una decisione improvvisa, io e Laurie siamo arrivati due giorni fa: se volete, vi veniamo a trovare per cena.
■ Con che treno pensate di arrivare?
□ Non preoccuparti, ci arrangeremo.

2. Che cos'è uno straniero?
L'altro giorno mio papà mi ha spiegato che cos'è uno straniero. Mi ha detto che straniero viene dalla parola "strano" e che è qualcuno che viene da un altro Paese. Allora io gli ho chiesto se **quando vado in Normandia sono una straniera** e lui mi ha risposto **di sì, perché vengo da lontano e sono marocchina**. Poi mi ha domandato **se mi ricordavo/ricordo quando eravamo andati/siamo andati in Senegal** e mi ha spiegato **che per i senegalesi eravamo stranieri**. Allora io gli ho chiesto **perché non avevano paura di me, né io di loro**. Lui mi ha risposto che lui e la mamma **mi hanno insegnato a non avere paura degli stranieri** e mi ha anche detto **di non dimenticarmi che siamo sempre stranieri per qualcuno**.

3. L'inflazione vista da una bambina
Sofia: Papà, 10 euro non mi bastano per tutta la settimana.
Fratello: È vero, il gelato grande io me lo compravo a 2 euro e adesso ci vogliono 3 euro, ma per quello piccolo!
Papà: Sì, lo so, ma è da tanto tempo che non mi aumentano lo stipendio.
Sofia: Siccome tu lavori dalle sette di mattina alle otto di sera e i soldi non ci bastano, è meglio andare dalla nonna a Poggio. A Poggio c'è l'orto, le galline, i conigli: un po' li possiamo mangiare e un po' li possiamo vendere, così guadagniamo un po'. E poi staresti sempre con noi.
Papà: Non voglio, perché la nonna ha fatto tanti sacrifici per farmi studiare all'università.
Sofia: Io non voglio studiare all'università perché tu sei povero. Quando divento grande, potrò fare la giornalista senza andare all'università?
Papà: No.
Sofia: Non ci credo.
Papà: E allora chiedilo al giornale/ai giornalisti.
Sofia: Papà, posso scrivere al giornale?
Papà: Sì, scrivi pure, ma non mettere il cognome.

4. Ci sono novità?
a. Oggi… 1. Anita ha detto che lì a Torino fa freddo e nevica. La sua nuova vicina di casa peruviana è felicissima

perché è la prima volta che vede la neve. Crede che stamattina abbia giocato per due ore con sua figlia al parco. 2. Massimo ha detto che anche lì a Milano nevica molto. Ma spera che smetta perché fra due giorni dovrà andare in macchina a Roma e non gli va di partire con la neve. 3. Serena ha detto che se domani mattina ha tempo va a ritirare la sua Vespa nuova e che nel pomeriggio andrà finalmente a farsi un giro sui colli di Bologna. Ha detto che è felice. 4. Alberto ha detto che lui è arrabbiatissimo perché due giorni fa gli hanno rubato la bici. Era in ufficio, l'aveva lasciata in cortile. Pensa che gliela abbiano rubata nel pomeriggio perché in pausa pranzo l'aveva usata per andare al bar. 5. Daniela ha detto che ieri sua figlia Giulia ha vinto una gara di ginnastica! Ha detto che sono tutti contenti! Sinceramente non credevano che fosse così brava. 6. Luca ha detto a Daniela di fare i complimenti a sua figlia da parte sua. Non sapeva che avesse deciso di fare agonistica. 7. Tommaso ha detto che sabato scorso è stato al canile di Bari. Ha detto che c'erano tanti cani da adottare. Ha detto che gli piacerebbe prenderne uno, ci sta pensando seriamente. Ci ha chiesto di dargli un consiglio. 8. Valerio ha detto che al posto di Tommaso, lui il cane lo avrebbe già portato via dal canile. Ha detto a Tommaso di non pensarci troppo e di adottare quello più anziano. Ha detto che gli farà tanta compagnia.

b. Una settimana fa... 1. Anita ha detto che lì a Torino faceva freddo e nevicava. La sua nuova vicina di casa peruviana era felicissima perché era la prima volta che vedeva la neve. Credeva che quella mattina avesse giocato per due ore con sua figlia al parco. 2. Massimo ha detto che anche lì a Milano nevicava molto. Ma sperava che smettesse perché dopo due giorni sarebbe dovuto andare in macchina a Roma e non gli andava di partire con la neve. 3. Serena ha detto che se il giorno dopo avesse avuto tempo sarebbe andata a ritirare la sua Vespa nuova e che nel pomeriggio sarebbe andata finalmente a farsi un giro sui colli di Bologna. Ha detto che era felice. 4. Alberto ha detto che lui era arrabbiatissimo perché due giorni prima gli avevano rubato la bici. Era in ufficio, l'aveva lasciata in cortile. Pensava che gliela avessero rubata nel pomeriggio perché in pausa pranzo l'aveva usata per andare al bar. 5. Daniela ha detto che il giorno prima sua figlia Giulia aveva vinto una gara di ginnastica! Ha detto che erano tutti contenti! Sinceramente non credevano che fosse così brava. 6. Luca ha detto a Daniela di fare i complimenti a sua figlia da parte sua. Non sapeva che avesse deciso di fare agonistica. 7. Tommaso ha detto che il sabato precedente era stato al canile di Bari. Ha detto che c'erano tanti cani da adottare. Ha detto che gli sarebbe piaciuto prenderne uno, ci stava pensando seriamente. Ci ha chiesto di dargli un consiglio. 8. Valerio ha detto che al posto di Tommaso, lui il cane lo avrebbe già portato via dal canile. Ha detto a Tommaso di non pensarci troppo e di adottare quello più anziano. Ha detto che gli avrebbe fatto tanta compagnia.

5. Rifletti sulla lingua

DISCORSO DIRETTO	DISCORSO INDIRETTO
INDICATIVO presente passato prossimo imperfetto trapassato prossimo futuro semplice	INDICATIVO imperfetto trapassato prossimo imperfetto trapassato prossimo condizionale composto
CONDIZIONALE condizionale semplice condizionale composto	CONDIZIONALE condizionale composto condizionale composto
CONGIUNTIVO presente passato imperfetto trapassato	CONGIUNTIVO imperfetto trapassato imperfetto trapassato
IMPERATIVO	di + infinito
PERIODO IPOTETICO SE + presente / futuro + presente / futuro	PERIODO IPOTETICO SE + congiuntivo trapassato + condizionale composto

Appunti

Appunti

Appunti